斯托夫人的教育

[美] 斯托夫人

著

尹丽华

编译

四川人民出版社

图书在版编目（CIP）数据

斯托夫人的教育 /（美）斯托夫人著；尹丽华编译
.—成都：四川人民出版社，2021.5
ISBN 978 - 7 - 220 - 12270 - 5

Ⅰ. ①斯… Ⅱ. ①斯… ②尹… Ⅲ. ①儿童教育 - 家
庭教育 Ⅳ. ①G781

中国版本图书馆 CIP 数据核字（2021）第 050583 号

SITUOFUREN DE JIAOYU
斯托夫人的教育
（美）斯托夫人/著　尹丽华/编译

责任编辑	王卓熙
技术设计	松 雪
封面设计	松 雪
责任印制	李 剑
出版发行	四川人民出版社（成都市槐树街 2 号）
网 址	http://www.scpph.com
E - mail	scrmcbs@ sina.com
新浪微博	@ 四川人民出版社
微信公众号	四川人民出版社
发行部业务电话	(028)86259624 86259454
防盗版举报电话	(028)86259624
印 刷	三河市众誉天成印务有限公司
成品尺寸	143mm×208mm
印 张	6
字 数	136 千
版 次	2021 年 5 月第 1 版
印 次	2021 年 5 月第 1 次
书 号	ISBN 978 - 7 - 220 - 12270 - 5
定 价	36.00 元

序

　　1907 年，全美世界语大会在纽约召开。会上，我 5 岁
的女儿维尼芙雷特和年过七旬的著名语言学家马库罗斯基
教授用世界语做了会话表演，引起了人们的赞叹。马库罗
斯基教授对维尼芙雷特的语言能力感到大为惊讶，他问我
是怎样教育女儿的。当我向他介绍了我的教育理念之后，
马库罗斯基教授非常感兴趣，并当即劝我把它系统地记录
下来，整理成一本书，以便能够让更多的孩子从中受益。
当时，虽然我也有这样的想法，但由于女儿年仅 5 岁，还
不足以证明我的教育方法是成功的，所以写书的事就迟迟
没有进行。后来，维尼芙雷特逐渐长大，并在各方面都取
得了非常突出的成就，这时我才确信自己的教育方法不仅
正确，而且独具一格，是非常值得推广的。1914 年，在威
斯康星大学教育学教授奥谢博士的鼓励下，我开始着手写
这本书。

　　我的女儿维尼芙雷特 3 岁就开始写诗歌和散文，4 岁能
用世界语写剧本，从 5 岁起她的诗歌和散文就被刊载在各
种报刊上，其中有的已经汇集成书，颇受好评。事实上，
她在 5 岁时已能够熟练运用 8 个国家的语言，并能把不同

的语言翻译成世界语。斯坦福大学的罗曼斯语教授加德勒博士曾这样评价维尼芙雷特翻译的一本歌谣集："把这本歌谣集翻译得如此优美，大概只有语言学家兼诗人才能够做到。然而，我听说译者是个年仅5岁的小女孩，这真是令人震惊。"不仅如此，维尼芙雷特在其他方面，诸如数学、物理、体育、品德等，都大大优于其他同龄孩子。

有人说，维尼芙雷特的成就完全来自她的天赋。然而，我认为这是一种误解，因为这不仅否定了我的教育思想，同时也否定了人类教育事业的伟大。

在这本书中，我将通过结合维尼芙雷特的成长过程，来阐明我的教育思想和方法。我打算以生动的事实来说明问题，而并非以单纯枯燥乏味的理论。因为我相信事实胜于雄辩，要想证明某件事情的真实性与合理性，最好的方法就是陈述事实。

最后，我希望这本书能够对那些望子成龙的父母以及他们的孩子有所帮助。同时，我也希望大家知道，我的成名，是因为我培养了一个出类拔萃的女儿。

目录
contents

打开孩子的感官之门

用音乐唤醒女儿的耳朵

———

我认为，任何能力只有被认真开发并加以利用之后，才可能有所发展，否则便永远不会得到增长与提高。所以，对孩子的教育必须尽早开始。而我对维尼芙雷特的教育，是从训练她的五官开始的。

对于孩子五官的训练，我认为最好从听力训练开始。科学研究发现，婴儿听力的发展实际上要比其他很多方面的发展更早，甚至比视力还要早。实际上，早在母亲怀孕的时期，婴儿就已经能够听到声音了。我想，如果父母能意识到这个问题，尽早对孩子实施合理有效的胎教，孩子的听力就会得到更早更好地发展。否则，孩子听到的很可能只是母亲单纯的心跳声。

正是由于这个原因，我在女儿还没有出生的时候，就已经给她取好了名字，并且经常对着腹中的孩子这样讲话："小维尼，小维尼，妈妈正在跟你说话呢，你听到了吗？"在此之外，我还时常给她唱一些动听的儿歌。我相信，她一定能够听见。

很多父母可能都有过这样的经历，当孩子听到尖锐的声音马上就会受到惊吓，而且声音越是尖锐，孩子的反应就会越强烈。于是，当我发现维尼芙雷特有这样的举动时，我就知道她已经具备了足够的听力，因此我便开始抓住时机对她进行听力训练。

我发现，维尼芙雷特在很小的时候就非常讨厌刺耳的声音，反之，对有韵律、有节奏的声音，如歌曲、有节奏的鼓声和"嘀嗒"的时钟声却非常感兴趣。所以，当看到女儿有这样的表现时，我就用放音乐和朗诵诗歌来开发她的智力和潜力。

可以说，维尼芙雷特幼年的时光，实际上完全是在音乐旋律中度过的。作为我个人来讲，一直有着对音乐方面的特殊爱好，并且时常在家里弹一弹钢琴，于是我就发现，每当女儿听到悦耳的琴声时，总会流露出激动的神情，似乎完全沉浸在美妙的音乐之中。

我想，大概维尼芙雷特对音乐的敏感在这个时候就已经得到了很好的启蒙。记得有一段时间，我正在练习贝多芬的《致爱丽丝》，而小维尼芙雷特则自己在隔壁的房间里躺着玩。有一天，在弹完钢琴之后我去看女儿，还没有进门的时候，就听到她在"咿咿呀呀"地哼着什么。于是，我就在门口停了下来，贴着门认真听她在"咿呀"什么。让我大为吃惊的是，她居然在哼《致爱丽丝》前面的几个乐句。虽然并不是那么标准，但她还是能哼出个大概来。

当时，我非常激动，突然感觉自己好像获得了一个小小的知音，而这个知音居然是只有 8 个月大的小女儿，这让我觉得简直太不可思议了。于是，为了让女儿对《致爱丽丝》前面的部分加深印象，尽管我已经弹得很熟练了，但仍然反复弹奏着那几个段落。果然，我的工作没白做，不久之后，小维尼芙雷特就可以把那几个乐句完整地哼出来了，而且旋律和节奏都是准确无误的！后来，维尼芙雷特开始学钢琴时，虽然她才3岁，但她很快就把《致爱丽丝》这首曲子的大部分学完了，除了几个特别难的地方，她几乎可以说是一气呵成。我想，这一定和摇篮时期的学习有很大关系。

那时候虽然女儿很小，但已经在脑海中记录下了许多乐曲。除了给她弹琴，我还经常放一些经典的乐曲给她听。慢慢地，我发现女儿对不同风格的乐曲会表现出不同的反应。比如，当听到莫扎特的《小夜曲》时，女儿会显得非常愉快而高兴；当听到巴赫的乐曲时，女儿则会显得很安静；然而，当听到贝多芬的乐曲时，女儿又会表现得非常激动而兴奋；当听到舒伯特的《摇篮曲》时，女儿又会安详地入睡。我想，享受音乐大概是人类的一种本能吧，每一个孩子对音乐都有着超强的天赋，都能从音乐中获得积极的成长元素，只不过有些父母错过了用音乐锻炼孩子的好时机。

为了进一步培养维尼芙雷特对音乐的敏感度，我除了让她接触不同的乐曲，还让她自己玩钢琴，每次当她敲响那些黑键或白键时，总会咯咯地笑个不停，由此表现出她内心的喜悦。基于这样的经验，每当维尼芙雷特不高兴或哭闹的时候，我就会抱着她到钢琴前面弹上几个音，或者让她自己来弹几个音听一听。我发现，她对钢琴有一种特别的情愫，只要琴声一响，无论她哭得有多么厉害，都会立刻平静下来，认真地倾听。有时候，我觉得给她太多琴声的刺激会影响她的成长，因而把她抱开，结果她又哭闹起来。

为了让女儿对各种音形成一个准确的概念，我特意在钢琴 C 大调的 7 个基本音的琴键上分别贴上红、橙、黄、绿、青、蓝、紫 7 种颜色的纸条，并告诉女儿，这些键的名字叫红色的声音、橙色的声音、黄色的声音等。我几乎每天都会抱着女儿来到钢琴前，敲响这些琴键给她听，陪她一起识别这些音。真是功夫不负有心人，在女儿还不到 9 个月大的时候，就已经能把这几个音准确地区分开了。

伴随着小维尼芙雷特的成长，她慢慢地开始学会讲话了，我就告诉她这些颜色分别代表着什么音。有时候我还会随机地问她："红色代表什么音？绿色代表什么音？"女儿总是能够迅速灵敏地回答出来："红色是 do，绿色是 fa。"有时候说得高兴了，甚至连我没有问到的音也一口气说出来。每当这个时候，我就会不失时机地对女儿进行由衷地表扬。

虽然我自己从小就有对钢琴的爱好，但毕竟不是专业的。为了让女儿能在一开始就接收到完整的专业知识，在她 3 岁开始学钢琴的时候，我就特地请了一位音乐教师来教她。没有想到，第一节课上完之后，老师就非常惊讶地看着我说："这简直太不可思议了！你的女儿有一定的乐感也是正常的，因为你本人就非常喜欢音乐。但是，她的音准概念简直太好了，而且还能把每一个标准音都记得那么清楚！你要知道，对于任何一个学音乐的人，要想培养标准音的概念，都是要花费大量的时间和精力来练习的啊！"

于是，我给这位老师讲了自己培育女儿所用的方法，老师不禁感叹道："如果所有学音乐的孩子的父母都能够像你这样，在婴幼儿时期就对孩子进行合理有效的训练，那么这些孩子将来在音乐的道路上一定会倍感轻松。这样的话，这个世界上真不知道还会增加多少音乐家呢！"能够得到音乐老师这样的评价，我想这是对我关于女儿音乐教育的最好肯定了。

我认为，孩子来到这个世界之后，父母应该尽早和他们讲话。所以，在维尼芙雷特还是个小婴儿的时候，除了让她沉浸在音乐中，我还经常和她谈话。

从我的教育经验来看，女儿其实是最喜欢我同她说话的声音。我经常发现这样的情况，每当女儿啼哭的时候，只要我走到她旁边和她讲话，她就会立即停止哭泣，静静地看着我，好像她真的听懂了我想要表达的意思。有时候，女儿安静地躺着，并没有让我爱抚的意思，但只要她一听到我的声音，立刻就会动起来，并且非常渴望我能爱抚她。同样，有时候，在我讲话之前她还在蹬腿，但只要一听到我的声音，她就会马上平静下来。

各种各样的经验告诉我们，婴儿的确需要相当长一段时间才能听懂父母所讲的话。但是，自从孩子来到这个世界上，就会对父母不同的话做出各种各样的反应。对此，我也有着深刻的体会：每当我对女儿温柔地讲话时，总会看到她非常愉快的神情；但是，如果我大声斥责，她就一定会不停地哭喊。因此，我奉劝年轻的父母们，如果你了解这些知识后，一定要有意识地培养并训练孩子的听力，并且尽早和孩子讲话。

有经验的父母可能都有这样的认识，初生的婴儿除了会哭，还会发出一些其他的声音，比如，有时候可能是饭后高兴的"咯咯"声，而有时候则是哭泣前伤心的"呜呜"声。尽管这些声音并非有意发出来的，却是他们正常的生理反应，而且这些声音也传达出了一些特定的信息。对于这些信息，做父母的也应当引起注意。

女儿维尼芙雷特在刚出生6个星期时就对声音有所反应了，特别是对我的笑声和说话声，好像非常敏感。等到两个月大的时候，她不仅学会了微笑，而且还能发出一些"咿咿呀呀"的声音。这让我非常高兴，于是我便抓住时机和她讲话。我相信，这对孩子的成长来说，是非常重要的。我认为，如果照顾孩子的大人不喜欢说话，而且也不愿意搭理孩子，或者只顾和其他大人说话，那么这个孩子说话的时间就会减少了。况且，除了和大人说话交流，孩子有时自己也会自言自语。我希望所有的年轻父母，都能抓住这个关键的教育时期，尽可能多地与孩子进行言语交流，从而使孩子的听力得到更好的发展。

为了让小维尼芙雷特的听力发展得更好，我还想了另外一些有趣的方法。我发现玩具发出声响时，女儿就会扭头寻找声源，找到之后便瞪大眼睛很好奇地盯着看，所以我在女儿两个月大的时候，就给她买了一些可以发出声音的玩具，如小鼓、铃铛之类的东西，以帮助她增强对声音的辨别能力。除了这些，我还常常用轻柔的声音为女儿朗诵诗歌。我想，毕竟音乐和诗歌在很多方面还是不同的，一个完全是声音，一个则包含意义。实践证明，朗诵诗歌对她的训练非常有帮助，在女儿刚满一岁的时候，她就已经可以流利地背出维吉尔的某些诗句了。后来，女儿也养成了每天晚上背诵诗句的好习惯，也正是因为喜欢，她很快就能背诵得非常流利了。我想，这也无形中对她的表达能力产生了一些积极的影响吧。

用色彩培养女儿的视觉

在我们周围，很多人认为孩子的听觉和视觉是自然形成的，因此不必在这方面花费太多心思。然而，我认为这种看法是错误的，是不科学的。如同对婴儿的耳朵进行训练，对婴儿的眼睛进行训练在其成长过程中也是至关重要的。婴儿只要睁开眼睛就能看见东西。在现实生活中，可能不少父母会有这样的经历：婴儿醒着的时候，总是呆呆地看着窗帘或明亮的窗户，根本没有什么反应。其实，这并不是孩子看不见东西，而是根本没有东西可看。

记得有一次，小维尼芙雷特呆呆地盯着天花板，眼神茫然，样子显得有些呆傻。我便走过去逗她："怎么啦，我的小维尼？"然而，她还是没有反应。我就感到非常奇怪，女儿今天为什么这么迟钝，是不是生病了？当时，我的手里正好拿着一本红色封面的书，恰巧在她的眼前晃了一下，突然，我发现她的小脸蛋上露出了笑容，并且使劲地挥舞着小手，不停地蹬腿。我这才恍然大悟，原来女儿最喜欢看鲜艳悦目的东西。那天，我到外面买回了许多颜色鲜艳的东西：美丽漂亮的图画，五颜六色的布娃娃，甚至还特地把窗帘换成了绿黄相间的花窗帘。总之，为了提高女儿对色彩的观察能力，我把她的房间布置成了颜色亮丽的小公主房——四周墙上挂了各种漂亮的图片，其中有名画的临摹品，还有美丽大方的装饰画。

也许正是那样一次偶然的经历，让我深刻地意识到了色彩对于孩子视觉成长的重要作用，同时也领会到了图画对孩子智力开发的重要意义。我想，在善于绘画的母亲培养下成长的孩子，一定是非常幸福的。正是由于这个原因，我在女儿还不懂事的时候，就为她准备了许多美丽的花草和鸟兽的图画，时不时地拿给她看。除此之外，我还会给她看一些有着漂亮插图的小人书，并不时读给她听。这时候，小维尼芙雷特总是饶有兴趣地看着、静静地听着。我想，尽管她那时候还什么都不懂，但已经对母亲的声音和图画的颜色感兴趣了。

等到维尼芙雷特再稍大一点之后，我除了给她看更多的图片，还给她买回了颜料、画笔和纸，开始教她画一些简单的东西。非常有意思的是，或许因为当时她的手太小了，根本握不紧画笔，总是掉下来，但她仍然表现出对画画的巨大热情，每次掉下来都会急忙去拾，看着她用力抓笔的样子，我都会忍不住笑起来。

有时候，维尼芙雷特看着一大堆花花绿绿的颜料，但又不知该怎样去用它们，于是就急得咿咿呀呀地叫，一副不知所措的样子，那副样子简直太可爱了。记得有一次，我索性把各种颜料都给维尼芙雷特挤在调色板上，让她自由自在地玩。这样一来，她显得高兴极了。结果，让我没想到的是，她居然把自己弄得一塌糊涂。当时，我帮她做好准备工作之后，就到别的房间去了，而当我再次走进女儿的房间时，情形已经大不一样了。小维尼芙雷特满脸都是颜色，本来洁白的衣服也成了花衣服，连床单上都到处是颜色。我想，如果这种情况让别的父母碰上，大概早就火冒三丈了吧。但是，我并没有这样，我觉得脸和手脏了可以洗干净，床单弄脏了可以再换，但是如果女儿在我的斥责声中失去了玩耍的乐趣、失去了对色彩的感觉，那可能就再也无法挽回了。

"啊，我的小维尼，你看你，把房间搞得多脏啊。"我虽然嘴上这样说，但语气却是很温和的，并且很细心地帮她收拾，不让颜料进入她的眼睛或嘴里。这个时候，我猛然发现，在旁边角落的墙壁上，有一个淡黄色的图案。我仔细一看，竟然是一只小鸭子！当时，我真是太激动了，不管是有意还是无意，维尼芙雷特毕竟在墙上画出了她的第一幅画啊！

女儿的"小鸭子"给了我很大的勇气和信心，于是我决定教她使用画笔。我把画笔放在她的手上，耐心地教她怎样握住笔。在很多次的失败之后，维尼芙雷特终于能牢牢地握住画笔了。会使用画笔之后，女儿就不再用手去抹颜料，而真正开始了她用笔画画的道路。

为了增强维尼芙雷特对色彩的感觉，我不仅给她买来了颜料，还给她买了色谱，并且安排时间耐心地教她区分不同的颜色。没过多久，女儿居然记住了很多种颜色，不仅是红、黄、蓝、绿等基本色，甚至还能说出不同灰度的颜色的名称来。这真的让我非常高兴。直到今天，维尼芙雷特一谈到色彩，还会说出一些专业的名称来。对于一般人来说，如果没有受过专业的训练，看到颜色之后通常只会说"那是红色，那是橘黄色"，或者"那是灰色"，但维尼芙雷特从小就会说："哦，那是紫红，那是普鲁士蓝，那种灰色有点偏黄，哦，那块黄色有点偏绿……"虽然她后来没有成为画家，但她对色彩的认识却远远超过了一般人。记得维尼芙雷特曾经对我说："妈妈，我真是太幸福了，因为我能看到大自然中各种各样美丽的色彩。不仅是多变的天空和五颜六色的花朵，我还能在别人注意不到的地方看到色彩的细微变化。看那张旧桌子，它的色彩变化多么复杂啊，简直就是紫灰色和蓝灰色组成的色彩乐章……"

维尼芙雷特学会走路之后，我经常带着她出去散步，并让她观察大自然中的各种色彩。事实上，那时候她已经是一个小小的色彩专家了，她对色彩的认识甚至比我还要强出许多。每每看到天空的颜色、原野的颜色、森林的颜色、海水的颜色、建筑物的颜色，以及人们服饰的颜色，她都会陶醉在这些美丽的色彩当中，同时还会对周围的色彩加以点评。所以，每一次散步，我都会听到小维尼芙雷特不停地评论周围的色彩。

"妈妈，你看看那片天空。上面是深蓝色，左边有点湖蓝的味道，右边在向钴蓝色过渡了。快看，快看，接近地平线的地方在向紫灰和蓝灰过渡……""妈妈，你看那位阿姨的衣服，颜色搭配很不协调，一点也不好看……花里胡哨。""看远处那座高高的教堂，色彩搭配真是美极了……"总之，维尼芙雷特不会放过任何一次评论的机会。而每当这时候，我都会感到很欣慰，并且积极参与她的观察和评论，有时还会和她发生一点小小的争执。不过，更多的还是高兴。看着女儿沉浸在周围事物的美丽之中，我认为女儿是幸运的，也是幸福的，她不像有些人那样对身边的美视而不见，而是尽情地享受它们。

我觉得，女儿通过对周围色彩的观察，不仅得到了美的享受，更重要的是形成了敏锐的观察力，建立起了一种独特的视觉感受力。并且，这种善于观察的习惯和能力，对她智力的发展和本身内在潜力的开发都是非常有帮助的。

用多种方式塑造孩子丰富的情感

游戏，除了交流感情，还有一个重要功能，那就是培养孩子的健康心理。游戏的功能不在于让孩子知道多少知识，那是课堂上应该完成的事情，家庭游戏的重要作用在于，让孩子有众多的情感体验——快乐、幸福、激动、紧张、恐惧、同情、宽容等，也就是在模拟的世界中成长，逐渐塑造出丰富、成熟的不同情感特点。

我的好友丽莎有一个3岁大的女儿，这个孩子非常可爱，很喜欢自己玩，除了打扮娃娃，她最常玩的游戏就是模仿丽莎了。刚开始的时候，丽莎还很高兴孩子会自己玩耍，不会打扰大人。但有一次，丽莎仔细观察女儿的游戏模式，赫然发现她反复模仿和演练的竟是妈妈的日常活动：买菜、做饭、梳妆打扮、电话聊天、匆匆忙忙出门去上班等，甚至会边穿衣服边拿东西，嘴巴里还会忙不迭地喊着："来不及了！来不及了！贝贝再见！要乖……要听话……"

孩子惟妙惟肖的动作、表情，既令平时忙碌的丽莎哑然失笑，又让她隐隐地多了一些忧虑：规律、单调的生活环境——家庭，和唯一的模仿对象——妈妈，使孩子的玩耍模式也变得一成不变，缺乏创造和想象的空间。但是孩子却从中体验到照顾他人、安排事情的乐趣。

其实，想要让孩子有更多的情感体验，就需要抽出时间来陪孩子一起活动。家长可以在家中模仿幼儿园的教学模式，设置一些特殊的"游戏角落"，布置玩具。玩具不一定要有多精巧、多高科技，家中安全的废弃物也完全可以利用起来，比如大纸箱、旧布、坏掉的门把手，都可以变成孩子的宝贝，在孩子的游戏中变身成各种各样的角色，创造出各种不可思议的效果来。例如纸箱变城堡、火车；旧布变云彩、巫婆的斗篷；门把变喇叭、假鼻子……孩子的想象力一旦被开启，往往连大人也望尘莫及。在玩的过程中，不但孩子的动手能力会得到很大的提高，他对感情的理解也会越来越丰富、深刻。

另外，户外活动对孩子来说，也是必不可少的。孩子是属于大自然的，美丽的自然会让孩子感触到壮阔、沉静、真实等在家中无法体会的情感。

多让孩子和其他人接触，也是培养孩子丰富情感的好方法。与陌生人交流会为孩子创造更多玩耍学习的机会与空间，迈出社交的第一步。

多种方式综合运用，孩子的情感心理会有很大的进步，这就需要父母看到这种进步，正确地理解孩子体验情感、表达感情的方式。例如，陪孩子玩耍，除了创造多元机会与空间，更应确切掌握幼儿的听觉与理解特性。许多爸妈会用"大人"的角度，和"小孩"互动，间接或直接安排甚或命令孩子怎么做、怎么玩、玩什么。其实小孩就是小孩，并不是"小大人"，他们是独立的个体，也拥有自己的想法，像是一个隐藏的"神秘宝盒"，我们只能逐步开启和循序引导，不能掌控。

　　一味争强好胜的孩子情感并不健康，不能坦然面对失败的孩子日后也会因此承受更多压力和痛苦。从小就去体验生活的多面性，游戏是当之无愧的启蒙老师。想让孩子成为出色的人，应首先让他成为情感健康的人；要想让孩子拥有宽阔的心胸和坚强的意志，就需要从转变家长的游戏态度开始。

如何培养孩子的注意力

注意力是意志的一种表现。事实证明，注意力在创造性劳动中具有很大的作用。一位教育家说："注意力是我们心灵的唯一门户，意识中的一切必然都要经过它才能进来。"善于集中注意力的人，就等于打开了智慧的天窗。谁的注意力不集中，谁就不可能自觉地做好他所从事的工作。因而，培养孩子的注意力，是教育孩子的第一步。

作为家长，可能经常会发现孩子注意力不集中，一会儿做这件事情，一会儿又跑去做那件事情，尤其是在做功课的时候，总不能静下心来一次做完，常要每隔 5 分钟便出来喝水或上卫生间。如果不准他出来，孩子便在房间里看漫画书或玩小汽车。

其实，对于几岁的孩子来说，对于一件事情的注意力只能维持在 10 分钟左右，一旦原来的事物不再有新鲜感，或改变了可以吸引他的注意焦点时，孩子便很容易将注意力转移他处，这是很正常的现象。如何让孩子对原有的事物保有持续的兴趣，需要靠父母从小培养孩子的注意力。

我们都知道注意力是一个人成功的关键，只要能够集中精力、专心致志，许多事都能事半功倍。当孩子进入幼儿园或小学，在学校的大团体中，老师授课时不再是单独教学，而是面对整个班级的学生，如果孩子在上课时分心，不集中注意力，很容易跟不上进度，相信这不是家长所乐于见到的现象。

那么，如何从小培养孩子专心的态度？

培养孩子专心的态度，首先得先找出孩子不能专心做事的原因。例如：小学生不能专心做功课的原因有时是孩子学习环境不佳所造成的，外在的干扰使孩子分心，导致孩子不能够集中注意力。

而家长常犯的错误便是要求孩子在房间里写功课，自己却在客厅声音很大地谈话，这样，家长不仅会影响孩子做功课的专心度，而且不了解孩子究竟是在房间里玩还是读书。

曾有位妈妈告诉我，她每天花一个小时的时间陪孩子做功课，不仅让孩子在做功课时有不懂的地方可以请妈妈帮忙，也可以增进母子感情。所以要培养孩子注意力，我们可以先将容易引起孩子分心的事物排除，甚至可以陪同孩子一起念书，多培养孩子在各方面的能力与兴趣，从户外活动、郊游到美术、音乐的学习，慢慢让孩子去发觉自己的兴趣在哪一方面，幼小的孩子甚至可以让他多玩一些启发性或具挑战性的玩具，让孩子专心、独立地去学习，而不要强迫或干扰他们。

父母也可以利用游戏来培养孩子的注意力。例如：和孩子玩听写游戏，你可以念三五组数字，然后让孩子一次写下刚才念过的数字或者让孩子看几张动物图，然后收起来，请孩子说出有哪些动物。如果反复地练习，不但可以增强孩子对一件事物的注意力，也可培养孩子的专注力。

其实，训练孩子专注力的方法很多，陪孩子一起玩拼图或组合模型都是很好的方法。玩拼图可以让孩子学习留意每一块图片之间的图案，并能够培养耐心，从小图案拼到全部完成，组合模型也有同样的作用，能让孩子在玩乐中学习如何克服困难、如何自己寻求解决之道，最重要的是孩子在整个独立的学习过程中能得到成就感，并能培养耐心和专心。

集中注意力的另一种方法是在学习中不断提出问题。例如，当学生们学习美国历史时，他们可能会问自己这样一些问题：美国历史上的那一阶段的真实情况是什么？让我想象一下工厂的工人的情况，想象他们在决定成立工会之前生活究竟是怎样的？假如我是工人中的一员，那么我会支持还是反对工会呢？让我想象一下，导致工会成立的这一连串事件的真实场景。

还可以向孩子提出建议，让他们问自己这样一些普通的问题：这段短文说的是什么事情？其中谁做了些什么事？为什么这样做？短文中哪些论述说了中心意思？它所谈论的是正确的还是错误的，为什么？文章中提出了什么原理？

让孩子自己提问题有两个目的。第一，能帮助孩子们把分散的注意力集中到功课上来；第二，能帮助他们把注意力保持在自己的功课上。

另外，运用适当的赞美比指责更有效，尤其孩子在专心做一件事情时，若有好的表现，家长可就好的表现加以赞美。

其实，每个人的学习能力都不一样，有的孩子心智发展很快，有些则较慢，但专心认真的学习态度则是通过后天训练的，因此从小培养孩子专心的习惯，对孩子未来的学习、生活都将会很有帮助。

感觉能力要和实物联系起来

　　我那可爱的维尼芙雷特，不仅有着非常惊人的感受能力，而且，在她很小的时候就能运用恰当的词语来表达自己的感受。我想，这与她从小受到良好的感觉能力训练是分不开的吧。在这一节里，我想要对大家讲一讲我是如何通过有效的方法培养女儿的身体感觉能力，并且在这一过程中，使她逐渐学会一些有意义的词汇。希望能给那些不知从何着手的母亲一些帮助。

　　记得在小维尼芙雷特 6 个星期大的时候，我就给她买来了五颜六色的气球，并把这些气球用线轻轻系在她的手腕上，只要她一动，气球就会随着手的动作而上下摆动，而她总是好奇地盯着那些动来动去的气球，当她意识到自己的行为可以左右气球的摆动之后，便很兴奋地晃动自己的手臂。看着她那可爱的样子，我心中的欢喜难以用语言表达。这时，我会不失时机地轻轻对她说："这个叫气球，它既圆，又轻。这一只是红色的，那一只是绿色的。"她就这样被深深吸引住了，我可以感觉到她体会到了红、绿、圆、轻这些概念，同时，也使她在不经意中学会这些形容词。我认为，这不仅仅是在玩，也是最早的学习。我还发现，这一方式颇能引起女儿的兴趣，她非常乐意我这么教她。

小维尼芙雷特稍微长大一些之后，我又给了她一些小木片，有粗糙的，也有光滑的，我想，这些东西一定能帮助女儿感受物体的质感。

在那段日子里，只要是女儿感兴趣的东西，我都会尽可能提供给她，除非某些东西对她有害。并且，在教育女儿的过程中，我从不强迫她去接受什么。我认为这才是教育孩子应有的方式，要知道，孩子是鲜活的生命，只有在自然的情况下才能充分发掘她的潜能。我之所以努力对她进行各种引导，是因为不希望让她的精力无谓地消耗掉。我发现，由于实施了这样的教育，女儿总有事可干，她决不会因无所事事而去咬手指，或者因百无聊赖而沮丧，甚至哭闹、发脾气。

我的邻居卡丽特丝夫人曾经向我诉苦，说她的小儿子要么整天哭闹，要么就垂头丧气，或者吸吮自己的手指头，因而她总是担心儿子是不是生病了。然而，请医生来检查过很多次，结果都说什么病都没有。她很想知道，为什么我的女儿总是生气勃勃的样子，并且希望我能够给她一些带孩子的好建议。

于是，我便到卡丽特丝家看望她的小儿子。当我走到孩子身边时，他毫无反应，只是呆呆地望着天花板，而且不停地吮着手指头，而当我试着去抱一抱他的时候，他居然像受了惊吓一样，放声大哭起来。

"亲爱的，你难道平时没有让孩子玩玩具吗？"我问卡丽特丝。

"玩具？难道这么小的孩子也要玩具吗？"卡丽特丝不解地问我。

　　"当然，我看你儿子整天没有精神，主要就是因为生活太单调了。你不要小看了孩子，别以为他在摇篮里就不需要玩具。你应该为他准备一些能引起他注意的东西。"我对卡丽特丝解释说，并向她介绍了一些维尼芙雷特平时喜欢玩的东西。同时，我还告诉卡丽特丝："那些有趣的玩具，不仅可以让孩子心情愉快，而最重要的是，它们对孩子早期智力的开发有着很好的帮助。"

　　"什么，这么小就要开发孩子的智力？"卡丽特丝一脸诧异，仿佛看到外星人一样。

　　"当然，我从维尼芙雷特出生那天起，就已经开始教育她了。你看她现在那么快活、那么精神，全都是这种教育的结果啊。"然后，我又详细地向卡丽特丝介绍了我的教育方法，卡丽特丝听完之后深受启发，她决定把这些方法应用到自己的儿子身上。

　　功夫不负有心人，没过多久，卡丽特丝兴冲冲地跑到我家来说："这简直太神奇了，现在我儿子好像每天都特别高兴，再也不像以前那样死气沉沉了……他好像还总想和我说话，我觉得他想说点什么。"

　　"是的，这就对了，那么你就开始和他谈吧！你应该陪他玩，还要有意识地教他一点什么，从现在开始，你就应该培养他的能力了。"听到卡丽特丝这样说，我真为她感到高兴。

　　为了训练维尼芙雷特的感受能力，我这个做母亲的可真是费了不少心思，绞尽脑汁要让她懂得一些感知的概念。在生活中，我经常和女儿玩的另一种游戏是"蒙眼睛"，其实这是为了训练她在不用眼睛的情况下去感受身边的事物。方法同样很简单：我用一块布蒙住她的眼睛，把各种物品摆在她面前，让她用手摸，并说出摸到的物品的名称和她的感觉。比如，当她摸到一个玻璃杯时，我就问她："这是什么。"

"是一个小杯子。"她回答说。

"杯子是用什么做的？"我接着问。

"是玻璃做的。"

"那么，玻璃是什么样的呢？"我又问。

这时，维尼芙雷特会回答："它很光滑，冰冰凉，还很硬……"

我接着问她："那么，还有什么东西是光滑、冰凉，又很硬的呢？"

她回答说："还有金属勺子、叉子，吃饭用的盘子。"

"那么，它们有什么区别呢？"

这时，维尼芙雷特把杯子仔细地又摸了一遍，但还是回答不上来。

"你再仔细想想，"我开始提示她，"假如你能看得见的话……"

于是，她马上答道："我知道了，玻璃是透明的，而勺子和叉子是不透明的。"

游戏结束之后，我会让维尼芙雷特记住刚才说过的形容词：光滑的、冰凉的、透明的、不透明的。

总之，我就是用这一类方法来培养女儿的感受能力，同时还教会她一些形容词。女儿上学之后，能写出非常漂亮的文章，并且善于使用修辞。我一直认为，这与在她小时候受到的这种有趣的训练是分不开的。

当然，在这种游戏和训练之中，还会发生许多特别有趣的事，而这些事往往让我们母女俩终生难忘。后来，女儿在她的日记中曾经有过这样的回忆：

今天，我的作文得了第一名，这真令我兴奋。我想，我能够取得现在的成绩，要完全归功于我亲爱的妈妈。我还记得，自己3岁的时候，有一次妈妈和我玩"蒙眼睛"的游戏。妈妈把我的眼睛蒙上之后，把我带到了厨房，并把我的手放进一盆水里。

妈妈问我："维尼芙雷特，你摸到了什么？"

我当然知道那是什么，便立即回答道："这是水。"

妈妈又问："那么，你有什么感觉？"

我回答说："冰凉的，而且很湿……"

妈妈问我："还有什么是冰凉的，什么是很湿的？"

我想了想，回答说："冰激凌是冰凉的，也是很湿的；还有铁，也是冰凉的，但它不湿。"

妈妈接着问："那么，和冰凉相反的有什么呢？"

我回答说："牛奶。"

妈妈问："那么，牛奶给你什么感觉呢？"

那时候，我还不知道牛奶有冷热之分，由于每次喝的都是热牛奶，所以在我的印象中它是热的。但是，我不知道应该怎样去表达那种感觉。我想了很久，还是不知道如何回答妈妈的问题。这时候，我感到妈妈用毛巾把我的手擦干，并把我的手放进了她的衣服里。顿时，我感到了妈妈身体的温暖。

"哦，我知道了，是热的，温暖的！"我兴奋地喊了起来。就在那一刻，我不仅明白了冷和热的概念，并且还学会了使用温暖这个词，我更明白了我的妈妈有多么好。妈妈是那么爱我、关心我，在我的心目中，妈妈是最体贴我的人，因为是她让我感受到了温暖的力量。

　　今天，老师夸奖我说，我的作文里有一个句子特别美，那就是：母亲用体温培育了像小鸡那样刚刚破壳的孩子们。老师认为，我有写作的天赋，虽然这让我感到很高兴，但是老师不知道，我所谓的天赋都来自从小妈妈对我的循循善诱。

　　我从心底里感谢我的妈妈。

◇ 培养孩子的感觉能力 ◇

用音乐唤醒女儿的耳朵

用色彩培养女儿的视觉

宝贝，这个叫气球，它既圆又轻。这一只是红色的，那一只是绿色的。

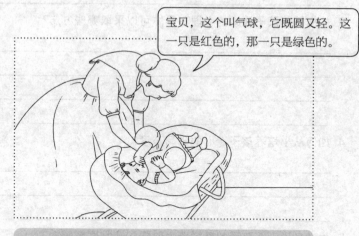

用实物培养女儿的感觉能力

　　对孩子的教育必须尽早开始，斯托夫人对维尼芙雷特的五官训练是从听力开始的，因为小孩对声音的感知早于视觉。斯托夫人的色彩训练对于孩子视觉成长具有重要的作用，利用绘画和自然色彩对女儿进行训练，并且利用实物来训练孩子的感受能力，这些方法都收到了很好的效果。

高情商家教思维

1. 什么时间开始对婴儿的五官训练？为什么要从听力开始？

   _____

   _____

   _____

   _____

2. 父母如何培养孩子对色彩的观察力？

   _____

   _____

   _____

3. 如何培养孩子健康的心理？具体可以采取哪些方法？

   _____

   _____

   _____

   _____

4. 如何从小培养孩子专心的学习态度？

   _____

   _____

   _____

5. 为什么说训练孩子的感觉能力时要和实物联系起来？

   _____

   _____

   _____

   _____

过人的语言天赋，须从小培养

语言是提高智力的垫脚石

作为一个母亲，当听到女儿说出第一句话时，我的内心是多么的高兴啊。尽管她的发音还是那样含糊不清，但就是在这一刻，我感受到了母亲教育孩子的神圣使命，我觉得自己有责任从现在开始，不失时机地发掘女儿的语言能力。因为我知道，语言能力是开发孩子头脑最有力的手段，是提高孩子智力必不可少的垫脚石。

一般来说，大多数父母都会关注孩子的身体健康，却往往忽视对他们智力的开发，这种做法是极其错误的。在我看来，很多父母仅仅是让孩子顺其自然，而不是有意识地鼓励孩子说话，这显然是一种无知的表现，可以说对孩子也是极不负责任的。对于这样的父母，我为他们以及他们的孩子感到遗憾。

我认为，如果不尽早地开展对孩子的语言教育，孩子的头脑就不能很好地发展。大量事实证明，如果能在孩子6岁之前及时教给他准确的语言，那么这个孩子的发展就一定会很快，而且其速度是其他孩子无论如何也赶不上的。然而，一旦错过了这个黄金时期，那么孩子的这一功能就会退化，至少会学起来非常困难，甚至有的时候还会反应迟钝。

当我对维尼芙雷特进行语言教育时，是将听和说的能力同步培养的。在我看来，听与说就是孩子学习语言的双翼，只有同时扇动才能展翅高飞，忽视了任何一方面都是不可以的。所以，我竭尽所能为女儿提供听的环境和说话的机会。

在维尼芙雷特小的时候，听话的主要对象就是我和她的父亲，我想大部分孩子也都是这样的吧。在女儿很小的时候，我和丈夫都会有意识地同她交谈，让她倾听我们的声音。而且，从一开始说话，我们就对女儿使用准确的语言。我的发音清楚、缓慢，并且不断地重复和再现，因为我知道，女儿这个时候的反应速度不如大人那么快，只有耐心地慢慢和她说，才能够有利于帮助她理解。

每当女儿听到我说话，就会有一些反应，或者微笑、眨眼睛，或者摇手、蹬腿，这时我就会马上给予她鼓励，以增强她对语言的兴趣。当女儿能够开口说话的时候，我就会想尽一切办法保持女儿说话的热情。后来，当她能够说出双音词、短语时，我就给她说一些简短的句子，让她慢慢地理解和体会。

我总是在想，当孩子开口叫出"爸爸""妈妈"的时候，这是一个多么巨大的进步啊。从此以后，孩子就可以用自己的语言与父母进行交流了。因此，父母应该在这个时候积极鼓励孩子说话，为他们制造说话的环境和条件。我认为，如果把握好孩子的听和说两个方面，就抓住了教孩子说话的关键，孩子因此就会变得越来越聪明，从而向更高更远的目标迈进。反之，如果错过了孩子说话的时机，可能会造成孩子一生智力的障碍，这绝对不是危言耸听。

在维尼芙雷特幼年时，有一个叫克拉夫特的玩伴。他是邻居的孩子，比维尼芙雷特还大1岁，但两个孩子相比起来，简直就是天壤之别。

事实上，当维尼芙雷特已经能够运用世界语写剧本的时候，克拉夫特甚至还不能写出一个完整的句子来。我的维尼芙雷特伶牙俐齿，而克拉夫特说起话却面红耳赤、吞吞吐吐。不仅如此，与维尼芙雷特比起来，克拉夫特在其他方面也显得有些反应迟钝。

在我的印象中，克拉夫特是个很自卑而且非常内向的孩子。记得有一次，年仅3岁的维尼芙雷特拿着她刚刚写好的诗歌朗诵给小伙伴们听，虽然那些孩子看上去也不怎么懂，但仍然不停地拍手喝彩，而只有克拉夫特毫无反应。当维尼芙雷特问他，是否不喜欢自己写的诗歌的时候，克拉夫特羞愧地低下了头。因为他根本听不懂一句，更谈不上喜欢不喜欢了。看见克拉夫特羞涩的神情，我真的替他感到难过，于是便去找到他的母亲询问克拉夫特的情况。

经过询问我才知道，原来克拉夫特的父母工作都非常忙，在孩子小时候根本没有空暇时间来陪他玩。可以说，他的幼儿时期简直就是在孤独中度过的。我问克拉夫特的母亲，为什么不尽早地给他实行早期教育？他母亲则说，一方面是因为没有时间，另外其实也不知道应该怎样去教育他。更加让我感到失望的是，克拉夫特的父母根本就没有意识到早期教育的重要性，甚至认为如果让孩子过早地学习，可能会影响他大脑的发育。当听到这种话的时候，我简直痛心极了，正是由于父母错误的认识，才最终导致了克拉夫特没有能够健康地成长。

我决定尽我所能改变克拉夫特父母的观念，让孩子能够尽早地接受教育。于是，我便问克拉夫特的母亲，现在克拉夫特能够认识多少字，他母亲的回答让我感到吃惊："现在嘛，他还几乎不识字，我想等他上学后再去学习也不迟。"

当时，维尼芙雷特只有3岁，已经能够写诗歌和散文，而4岁的克拉夫特居然一个字不识，这真是让我无法接受。

后来，我还特意问过克拉夫特："克拉夫特，你想识字吗？"

"当然……只是……恐怕……"克拉夫特小心地和我说话，很长时间也没有将自己的意思清楚地表达出来。

当时，我看看在一旁玩耍的活泼可爱的维尼芙雷特，再看看木讷地站在那儿出神的克拉夫特，心里说不出有多难受。同样的孩子，为什么一个聪明伶俐，一个迟钝蠢笨呢？这就是不同的教育所产生的不同结果啊。当然，克拉夫特根本就谈不上受到过教育。其他的都不用说，克拉夫特的父母没有意识到早期教育的重要性，也没有意识到教会孩子语言是开发孩子头脑的手段，所以才让孩子的天赋在不知不觉中消失了。

我记得，当时克拉夫特的母亲站在我身后，看着活泼的维尼芙雷特，充满羡慕地说："你的女儿是一个多么聪明的孩子啊，比我的儿子还小一岁，居然懂那么多的东西……我真羡慕你有这样的女儿……唉，我的儿子算是没有什么希望了……"

这时，我不失时机地对她说："那么，你就赶快对克拉夫特进行教育呀！"

她说："现在恐怕不行了，早期教育就算果真如你说得那样好，现在也已经太晚了。你要知道，我的克拉夫特比维尼芙雷特还要大呢！"

我注视着她，认真地说："不晚，你的孩子才4岁，正是进行早期教育的时候，不要放弃。我想，只要你肯努力，一定会有好的成绩。再说，我还可以帮助你呢！"

于是，我便把教育女儿的方法毫无保留地教给了克拉夫特的母亲，并且建议她从培养孩子的语言能力开始对他进行早期教育。没过多久，在克拉夫特的身上就发生了巨大的变化，他在仅仅一年的时间中，不仅学会了读书和写字，并且性格也变得开朗起来，比起以前的迟钝木讷，简直判若两人。

最终，克拉夫特变成了一个聪明的孩子，并与维尼芙雷特成了最要好的朋友。在他们六七岁时，我经常看到他们在一起读书、学习，并且时常在一起讨论诗歌和音乐的话题。

教孩子完整的语言会事半功倍

————

　　我在前面曾经提到过，在维尼芙雷特还很小的时候，我就一直坚持用大人的口吻和她说话。最关键的是，从那时起我便注意用完整的语言和她进行交流。尽管我心里非常清楚，在当时她还不能完全理解我所说的话，但是，这又有什么关系呢？重要的是我要培养她将来用完整语言说话的习惯。

　　我是那么爱我的女儿，当她还在摇篮的时候，我就一直细心地观察着她。我发现，维尼芙雷特从小就对人的声音和物品发出的响声有着天然的敏感性。我想，也许别的孩子也是这样吧。据我所知，有些父母也认识到了这一点，并且他们也因此制订了一些教育规划。但让我感到遗憾的是，他们中的很多人却忽略了一个关键性的问题，即没有意识到应该用完整的语言和孩子进行交流。

　　我认为，即使孩子还非常小，如果你不用完整的语言去与他们交谈，那么你的语言教育一定是收效甚微的。因为，如果孩子在早期学到的不是完整的语言，那么对孩子们来说，就意味着他们必须要学会两套词汇，这无疑是对时间和精力的极大浪费。当孩子们长大后为自己使用不正确的词汇而苦恼时，父母们将会发现自己曾经的教育失误带来的不良影响。这种效率极低的教育方式，我认为是极不可取的。

根据我的观察，现在很多受过良好教育的人因为自己用词不准、语法不对而伤脑筋。我有一位好朋友，是我的大学同学，也是一位心理学博士，他就常常被这种用词不正确的麻烦所困扰。由于他本人就是做心理研究的，所以非常清楚自己的问题所在。有一次，在我们的巧遇中，大家探讨着儿童教育的问题，他向我分析了自己用词不准的原因，并一再劝我不要用错误的方法来教孩子说话。

他对我说："当我还在很小的时候，我的母亲就开始同我说话了。也许，她以为我听不懂完整的语言，所以一开始就没有教我正规的英语。每当她想要我注意某样东西的时候，不是说：'你看这个皮球。'而是模模糊糊地对我说：'瞧，瞧瞧，球球……'其实，她是想叫我看那个玩具皮球，但她并没有明确地教会我这个词。于是等我再长大一点之后，我还是一直把球称作'球球'，因为这样，还在小伙伴面前出了洋相。在我小时候，不知接受了多少这样的词，比如'果果''圈圈''碗碗'。后来，我不得不花大量的时间和精力去纠正它们。你现在看到，我学语言的速度有多慢，大概就是把时间都花在纠正错误的语言上了，所以到现在为止，我还不能完全掌握两种以上的外国语。

"于是，我对这个问题进行了仔细的分析，由此得出，母亲的教育方式不恰当，使我在不知不觉中耗费了大量精力，学会了一套毫无用处的语言，也就是那些半截子话，把苹果称作'果果'，把汽车称作'车车'。虽然，这对小孩来说非常形象，也比较容易记住，但那毕竟是错误的语言表达方式，对现在的我来说一点用都没有。你以前经常嘲笑我用词很古怪，这都是儿时那些不正确的语言教育方式所导致的后果啊。"

我觉得，我这位老朋友讲得的确很精辟，那些不完整的语言，就仿佛病毒一样占据着孩子的大脑空间。从表面上看，这种语言貌似暂时有利于年幼的孩子理解周围的事物，但实际上它却是在破坏孩子的语言感觉，这会对他们未来的语言学习造成巨大的障碍。因此，自从我女儿出生起，我就尽量用标准的英语和她对话，从来不用那些半截子话来损害她的语言感觉。

总之，我认为没有任何理由去教孩子不完整的话。事实上，根据我的经验，教一岁的婴儿拼音是一件非常容易的事，因为幼儿接受知识的能力非常强，他们一旦接受了，就会记得特别牢。当然，如果你教给孩子的是不完整的话，那么孩子也会把这些不完整的语言记录到自己的大脑中，伴随着孩子的成长，等到你想用标准的语言来纠正他的用词，就会变成一件非常困难的事了。因此，作为父母，就应该从小就向孩子传授正确而有用的知识，同时应避免使用错误的知识给他们以后的学习造成难以克服的障碍。

其实，有很多父母就像我那位朋友的母亲一样，仍然在用一套不完整的话教着孩子。这种现象不仅仅存在于英语语种当中，其他任何一种语言环境下，父母都会建立一种与成人世界不同的语言系统来教育孩子，似乎孩子就应当有孩子的语言。事实上，这让我感到非常难以理解，难道孩子一开始就被灌输正确的语言知识不好吗？何必非要花尽心思建立一套错误的教育系统，让孩子将来花费大量时间和精力来纠正这些错误呢？

现在，在我的周围，还是经常可以听到有些可爱的孩子说出错误的语言，比如他们会把猫叫"喵喵"，把狗叫"汪汪"。显而易见，这些话都是他们长大之后完全用不上的语言，他们幼年时期的宝贵时间被这种错误语言包围着，成年后浪费掉大量时间和精力来学习标准的语言。与其这样，倒不如从一开始就学一套正确的语言体系，让以后的他们能学到更多更好的东西。

我认为，我们应该对孩子采用高效率的语言教育——即从一开始就灌输完整的语言体系。在维尼芙雷特还很小的时候，我就一直教她规范的英语，所以她完全掌握英语只用了很短的时间，并且在没有浪费任何精力的情况下轻松掌握了世界语。我想，维尼芙雷特并没有什么过人的天赋，她只是用人家纠正半截子语言的精力又多学了另一种完整的语言。

我记得，在维尼芙雷特1岁多的时候，她的一位小伙伴曾经对她说："看，维尼芙雷特，天上有一群飞飞。"没想到她却立即纠正说："不，那可不是什么飞飞，那是一群可爱的小鸟。"听到女儿这样完整的表达，作为一个母亲，还有什么比这个更值得骄傲的呢？因此，我想再次提醒各位年轻的妈妈，一定要用完整的语言和孩子交流，不要担心他们听不懂，他们慢慢会听懂的。

充分发挥实物的魔法

　　我一直坚信，孩子在婴儿时期的语言教育决定着他一生的语言发展。因此，我从一开始对维尼芙雷特说话就特别注意使用标准的发音、精选的语法和词句。虽然在小时候，女儿可能还无法完全理解某些词汇的意义，但我还是坚持这样做，并且很耐心地帮助她去理解那些难懂的词和句子。

　　现在想起来，真是多亏了我采用了这样的教育方法。因为在女儿稍大一些之后，就表现出了惊人的语言能力。很多人曾经问我，这是不是由于维尼芙雷特的天赋，并且还询问我或者我丈夫的家族当中是不是曾经有过很著名的语言大师。对于这样的问题，我总是报之一笑，同时告诉他们说，其实维尼芙雷特并没有什么过人的语言天赋，只不过是在婴儿时期受到了正确的语言训练罢了。结果，这样一来，就有很多人不时来向我请教教育女儿的方法了。

　　事实上，我的教育方法非常简单，就是让维尼芙雷特时刻保持对周围事物的好奇心，并从中学习必要的知识。我认为，学习是孩子的一种天性，孩子从出生那一刻起，就已经开始自觉地学习和探索了。并且，不仅仅是我们人类，就连动物也都是如此，否则这个物种就可能要面临灭绝了，更不要谈什么进化。

作为一个母亲，在教育孩子的过程中我发现，其实孩子的好奇心和求知欲非常强烈，只要父母善于利用和引导，那么无论什么知识他们都能学得很轻松。记得维尼芙雷特还不会说话的时候，我就开始抱着她在屋子里到处走动，我一边让她看屋里的摆设，一边缓慢而清晰地说出这些物品的名称。我经常指着各件物品对她说："椅子、桌子、苹果、窗、床……"可能有的人会说，那时候孩子的听觉和表达能力都还没有健全，这样无非是在做一些无用功。然而我却认为，虽然那时维尼芙雷特或许还不能说出来，甚至听不大懂，但这些词汇必定在她的脑海里深深地留下了痕迹，而这些痕迹就是帮她开启智慧的钥匙。另外，由于我当时说的全部都是标准语言，等女儿能开口说话时，脑海中的记忆就立刻被唤起，因此她很自然地就能说出一口标准语言。

我发现，孩子们其实都非常喜欢说话，他们从小就常常独自把学到的单词反复地说着玩，维尼芙雷特也不例外。自从她开口说话以后，我经常发现她独自一人坐在地毯上嘟囔，把自己刚刚学会的词句翻来覆去地念。比如，有时候，她一边玩玩具，一边说个不停，"桌上的苹果，宝宝要吃苹果"，等等。从那时起，我就有意识地利用孩子普遍存在的这种念单词的爱好，把我认为女儿能理解又有趣的故事，用精选的词句组成小短文，让女儿记住。由于那些故事都非常有趣，维尼芙雷特不仅能够很快记住，而且总是饶有兴趣地复述着。在她大致掌握了英语之后，我就把

038

这些短文译成各国语言让她记。我发现，这种做法非常受维尼芙雷特的欢迎，因为同一个故事居然能用不同的语言来表达，这让她感到好奇，于是就尽力去记住它们。由于维尼芙雷特很感兴趣，而且觉得好玩，所以很自然地就把另外的语言也记住了。这是我在教女儿语言时的一个小窍门，拿到这里来与大家分享，希望能给年轻的父母们带来一些帮助。

另外，根据我个人的经验以及我所接触到的一些材料来看，语言的教育是有一定的阶段性的。一般来说，在人的一生中 1 ~ 5 岁可能是语言学习能力最强的时期。所以，我还要奉劝那些年轻的父母，教孩子语言一定要尽早，不要错过孩子学习语言的最佳阶段。

我认为，在教孩子语言的过程中，语法其实并不是那么重要。因为在实际应用的时候，用到语法的机会比较少，尤其是对孩子来说，更是没有太大必要。因此，在维尼芙雷特 8 岁之前，我从来没有教过她语法。我觉得，通过听和说来教孩子语言，远比教她枯燥的语法更有效。比如说，我在教她主语和宾语时，并不是向她讲解句子的结构，而是通过直接对话来达到目的。

记得有一次，她说了一句有语法错误的话。

"Give I an apple（给我一个苹果）。"她想表达自己的愿望，却用错了词。

我告诉她："不是 give I，而应该说 give me。"

她说："I want you give I an apple。"

我知道女儿没有搞清"I"和"me"之间的区别，但如果给她讲语法，只会使她更加糊涂。

于是，我就边说边做手势，不停地让她理解。经过多次讲解和举例，最后她终于知道了"I"和"me"的用法。

于是，当她说出"Give me an apple"的时候，我特别奖给她一个大大的红苹果。

总之，对于孩子的语言教育，还是越直接、越简单越好。复杂化不是一种好方法，因为他们的理解能力还没有达到那个程度，这样只能让他们背上沉重的负担，从而产生对语言学习的厌恶情绪。我认为，最好的方法就是利用实物来不断重复，加深孩子的印象，把正确的表达方式像刀痕一样，深深地刻在孩子的脑海当中，让他们能够一生铭记。

循序渐进，让孩子登上外语的天梯

我认为，无论学习什么都必须要循序渐进，不能急于求成，学语言也不例外。在女儿的语言教育方面，我的想法是让她尽早学好一门主要的外国语言。尽管有些语言学家认为，孩子完全有能力同时学会两三门语言，但根据我的经验，这样很容易使孩子感到学习的负担和压力，而一旦孩子对学语言失去了兴趣，就连一国语言也学不好。因此，在维尼芙雷特没有很好地掌握英语之前，我坚持不教她任何一种外语。

在维尼芙雷特已经完全能流利地说英语之后，我便开始教她西班牙语。我觉得，要想教孩子外语，在外语的选择上同样需要讲究，而我之所以选择西班牙语作为女儿学习的第一门外语，主要是因为西班牙语相对于别的语言来说是最简单的，女儿肯定能够轻松地掌握。

在教维尼芙雷特西班牙语的时候，我还是采用教她英语的方法，先从训练听力开始，一步一步发展到说话能力。在维尼芙雷特掌握了西班牙语之后，我又教了她法语、德语和拉丁语等。我逐渐发现，她在语言的学习上越来越轻松，这可能是由于语言之中有一些共通的东西，只要能够触类旁通、举一反三，就能很容易在原有的基础上再搭建一层。经过不懈的努力，维尼芙雷特5岁的时候就表现出了惊人的外语才能。这时，她已经能够用8个国家的语言表达自己的想法了。我深切地感觉到，如果我再继续教她，她也许能学会10个，甚至20个国家的语言。

在维尼芙雷特学会几种外国语之后，我便把她学语言的重点放在了世界语上。在教女儿世界语的时候，我觉得有些后悔了，因为世界语是一种特别简单的语言，据说托尔斯泰只学了一个小时就能写信了。所以，假如我再培养孩子的话，我会首先教她英语，然后就再教她世界语。

经过我的教育，维尼芙雷特4岁时不仅能用世界语读写，甚至能熟练地用世界语说话了。为了发展女儿在其他方面的语言能力，我决定让她尝试用世界语写一些作品。没过多久，在尤利雅·比阿巴娜女士的帮助下，维尼芙雷特写的一个剧本在一个慈善会上上演，并且获得了强烈的反响和广泛的好评。据我所知，这可能是在美国上演的第一部世界语剧。

维尼芙雷特从5岁开始，便俨然一个小老师，她很热心地教其他孩子世界语。她的教法不仅借鉴了我教她时所发明的各种游戏，而且为了达到教学目的，她还自创了各种新的语言游戏。这不仅锻炼了她的表达能力，而且增强了她的创新意识。

维尼芙雷特5岁的时候，我曾在纽约的肖特卡居住过一段时间，为了宣传世界语的优越性，我经常到外边演讲。每次维尼芙雷特都会与我同行，并且积极地配合我的工作。她向听众背诵用世界语写的各种诗歌，或者给大家讲故事。这样一来，越来越多的听众开始了解世界语有多么简单易学，并且开始接受世界语。可以这样说，在美国，维尼芙雷特所赢得的世界语支持者是最多的。

当时，美国召开了一个全美世界语大会。在大会上，小小的维尼芙雷特站在桌子上朗读了普林斯顿大学马库罗斯基教授写的诗歌，结果赢得了观众的满堂彩。随后，5岁的维尼芙雷特和年过七旬、满头白发的马库罗斯基教授又用世界语做了对话表演。如此生动的场面感动了许多人，在他们的感召之下，与会者当中出现了许多世界语的支持者。在此之外，维尼芙雷特还用普赖厄的世界语读本为听众做了世界语朗读表演。这一切，维尼芙雷特做得是如此出色，我真的为自己的女儿感到自豪。

由于女儿的出色表现，越来越多的人开始向我咨询一些教育孩子的方法，但与此同时，我的教育方法也曾经遭受一些质疑。不过，这些质疑都在我的耐心解释之下消散了。比如，有一次维尼芙雷特在斯宾塞夫人家的走廊上，为某位教授讲解《世界语入门》。休息的时候，一位保守的大学教授对我说："请原谅，夫人，我觉得您这样做实在不对啊！小维尼芙雷特这样痴迷，我真担心会影响她的寿命啊！"

于是，我忍不住问他："我的女儿看上去身体虚弱吗？"

他回答说："不，外表很难说明问题，但是，一个小孩这样用脑确实是会影响她的寿命的。"

我笑着说："是这样吗？"

为了打消这位好心人的顾虑，我决定让要他见识见识维尼芙雷特的保健秘方。

恰好，就在我们谈话的时候，维尼芙雷特出去运动去了。她在外面又跑又跳，显得非常活跃。于是，我对那位好心的教授打趣说："您瞧，我的女儿正在吃药，感谢您对她的关心。其实，对她来说，运动就是最好的药。"

为了向这位教授证明维尼芙雷特的健康，我特地找来一个比女儿大两岁的男孩和她一起玩球。我和教授站在树下，一边休息一边看，当他看到小维尼芙雷特无论是投球、跑动还是跳跃都不亚于那个男孩时，才算真正心悦诚服了。后来，据说这位教授不仅改变自己过去那种"用脑伤寿"的理念，甚至还到处向别人推荐我的教育方法，他认为我的教育方法不仅具有独创性，而且还非常科学，对儿童的成长发育也非常有帮助。

在教育女儿学习知识这方面，我的经验就是：兴趣是最大的动力，无论教她什么，一切都是以兴趣为前提的。尤其是在学习语言方面，我总是在她充满兴趣的时候让她有效地完成学习计划。我认为，只要采取循序渐进的方式，孩子学习起来就不会感到吃力。相反，她会感到很有趣。寓教于乐，劳逸结合，在欢声笑语中学习外语，孩子怎么可能会对学习感到苦恼呢？

其实，我的教育方法是非常简单的，任何一个母亲都可以拿来用。当然，就如同我在前面所讲的，在用这个方法的时候还要注意孩子自身的发育特点，不能生搬硬套。

女儿用各种语言与外国孩子通信

————

在肖特卡的工作告一段落之后，维尼芙雷特就跟我一起回到了万兹维尔。没过多久，她突然提出了一个让我感到非常高兴的建议，她决定给国外那些懂得世界语的孩子们写信。不过建议虽好，但要到什么地方找到那些外国孩子的通信地址呢？没想到，这个问题很快就被维尼芙雷特自己解决掉了。她拿出一份世界语年报给我看，上面就有许多孩子的名字和地址。维尼芙雷特从小就是个机灵鬼，总能想出一些巧妙的办法来，难道不是吗？如果是我，无论如何也想不到这样去做。

几封信发出去之后，就开始了漫长的等待。刚开始的时候，小维尼芙雷特还有些着急，总是问我："为什么还没有人给我回信呢？他们不愿意和我做朋友，是吗？"于是，我便向她解释，信件的传递是需要一定时间的，并且还顺便告诉了她信件发送的流程。知道这些之后，小维尼芙雷特便释然了，她又写了几封信。她说，这样一来便可以在不同的时间收到回信了。这可真是个好主意，我再次为女儿的聪明感到自豪。

果然，功夫不负有心人。在经历过一段时间的等待之后，小维尼芙雷特收到了来自国外的回信。第一封回信是来自俄罗斯的。收到信的当天，女儿真是高兴极了，她为我朗读了信中的内容。那位俄罗斯孩子在信中描述了俄罗斯的地貌、风光和民俗，还在信中给女儿讲了几个有趣的俄罗斯历史故事。从此，女儿就对俄罗斯产生了浓厚的兴趣，读了许多关于俄罗斯的书。

　　随后，维尼芙雷特又相继和日本、印度、法国的孩子们通上了信。她对这些遥远的国度很有兴趣，并且开始很热心地研究它们的地理状况和风俗习惯。我见到女儿如此充满热情，心里感到十分欣慰。我知道，要使孩子对地理产生兴趣，让她和外国孩子通信的确是个不错的办法，所以我对她的通信行为一直很支持。而且，通过这种方式，可以增进她与各国朋友之间的相互了解。

　　不久之后，维尼芙雷特不仅用世界语和外国的孩子们通信，甚至还用其他的外国语给他们写信。比如，她在给法国的孩子写信的时候就用法语，在给俄国的孩子写信的时候就用俄语，在给日本的孩子写信的时候则用日语……这样一来，不仅让维尼芙雷特的外语水平突飞猛进，同时也不失为一种良好的交流方法。

　　通过与外国小朋友通信，维尼芙雷特不仅大大提高了自己的外语水平，同时还认识了许多远方的朋友。另外，这样的通信也使她的视野更加开阔、知识也更丰富了。

◇ 对孩子进行语言教育 ◇

椅子、桌子、苹果、窗、床……

孩子的好奇心和求知欲非常强烈，只要父母善于利用和引导，那么无论什么知识他们都能学得很轻松。

桌上的苹果，宝宝要吃苹果。

孩子们其实都非常喜欢说话，他们从小就常常独自把学到的单词反复地说着玩。

斯托夫人一直坚信，孩子在婴儿时期的语言教育决定着他一生的语言发展。因此，从一开始对维尼芙雷特说话就特别注意使用标准的发音、精选的语法和词句，坚持这样做，并且很耐心地帮助她去理解那些难懂的词和句子。

高情商家教思维

1. 为什么说语言是开发孩子智力最有力的手段?

_____

_____

_____

2. 如何让孩子时刻保持对周围事物的好奇心?

_____

_____

_____

3. 斯托夫人在教育维尼芙雷特学习外语的经验对中国孩子学习外
   语有什么有价值的启示?

_____

_____

_____

4. 为什么说兴趣才是孩子学习的最大动力?

_____

_____

_____

5. 维尼芙雷特敢于和国外的孩子通信对于我们教育孩子有什么
   启示?

_____

_____

_____

_____

第三章

缺乏想象力的人没有快乐

缺少想象的生活是无趣的

我们的周围有很多人，无论做什么都是有板有眼，只论事实。他们总是排斥想象，没有一点风趣，更不知道在想象之中能得到生活中的另一种乐趣。不仅如此，他们还会将这种干巴巴的生活态度传染给自己的孩子，结果他们不仅不能将孩子培养成快乐的人，而且还严重影响了孩子想象力的发展，并阻碍了孩子潜力的充分发挥。

在我们学院，有一位莱斯顿教授，尽管他已经是颇有名气的学者，并且对自己所研究的科目也是兢兢业业。但是在我的眼里，他只是一个会翻书本而毫无想象力的人。虽然莱斯顿教授很有威望，但他总是喜欢板着脸，用成套成套的清规戒律来教训自己的学生。事实上，很少有人听到他对学生说："按照你自己的想法去做。"反之，他常挂在自己嘴边的话就是"你不要这样""不要那样""别胡来，这个不合规矩"。

诚然，对于莱斯顿教授的严谨，我是表示赞赏的。但是，对于他那种呆板的、墨守成规的学习方式和教学方法，我则感到非常厌恶。我认为，这种没有一丝生气的教育方式，不仅无法培养出杰出的人才，反而会让学生们失去生活的乐趣。

正如我一向所认为的那样，什么样的教育就会造就什么样的孩子，尤其是家庭教育。根据我的观察，莱斯顿的儿子卡勒斯也和自己的父亲一样，虽然有了学位，也有了一份正常的工作，但却是个只会啃书本的书呆子，没有什么想象力和创造性。据说，在卡勒斯四五岁的时候，在当地就是一个众所周知的"小大人"，无论做什么事都比同龄的孩子显得成熟一些。当时，人们表面上都说这个孩子真是懂事，但在私下里又议论纷纷：这孩子怎么一点儿也不像个天真活泼的小孩子，成天板着脸，就和他的父亲一样。我想，卡勒斯的生活中是没有多少快乐而言。

一个偶然的机会，我得知了卡勒斯小时候的教育状况，使我的猜想得到了证实。果然，他那种"小老头"的性格并不是天生的，而是由他的父亲一手"培养"的。

在卡勒斯5岁的时候，他还是一个活泼可爱的孩子，有着丰富的想象力，并且喜欢画画。有一天，他拿着自己刚画完的一幅画，兴冲冲地跑到了父亲面前。

"爸爸，你看看我这幅画，它漂亮吗？"小卡勒斯怀着激动的心情问自己的父亲，他是多么期望得到父亲的赞扬啊。

"你这画的什么呀！嗯？一点儿也不像。"没想到，父亲居然毫不客气地给了卡勒斯当头一棒。

"哪儿不像呢？"卡勒斯的兴致一下子就被浇灭了，低声问道。

"天空不可能有这么蓝，而且，还有这些花，你画得也太大了。"父亲并没有顾及小卡勒斯的情绪变化，仍然毫不留情地批评着。

"可是……"

"不要说什么可是，你先听我说完！"莱斯顿先生不顾儿子的想法，滔滔不绝地批评起来，"这简直不像话，怎么这儿还有一个小人？怎么一个人能够飞在天空中？完全不符合逻辑啊。"

"可是，我觉得这样很好，这完全是我想象出来的。"小卡勒斯低声为自己辩解道。

"想象？什么是想象？卡勒斯，你不应该凭想象做事，应该完全凭事实。"

"可是，老师说，画画是需要想象的。"

"不，不，不，你的老师给了你错误的指导，不应当依靠想象，想象是不能当饭吃的。"莱斯顿先生一味坚持自己的主张。

"我认为，只有想象才会画得好，而且想象会给人快乐。"卡勒斯说出了自己的观点。

"这是瞎胡闹，我就不靠想象，但我不是一样很快乐吗？"莱斯顿先生得意地说道。

"可是，人们都说你太沉闷，都不愿和你交往。"卡勒斯说道。

没想到，这句话一下子激怒了莱斯顿先生，"啪"的一声，他给了儿子一记耳光。

"简直胡说八道，你太……太不像话了。我告诉你，不管怎样，我就是不许你胡思乱想，什么都必须要讲事实！没有事实，一切都是毫无意义的，你是在浪费自己的时间！"被儿子这样评论，莱斯顿先生心里肯定不好受，但他并没有检讨自己，而是一味把自己错误的意志强加给儿子。

从那以后，小卡勒斯再也不敢说什么有关想象的事了，也不再画画了。而且，本来活泼开朗的性格也变得阴沉忧郁起来。不久，人们便发现小卡勒斯变得和他的父亲一模一样，只会一味地啃书本，生活毫无乐趣可言。

事实上，虽然莱斯顿父子踏踏实实、兢兢业业地做学问，但一直生活在枯燥无味和孤独之中。我想，这正是由于他们失去了创造力的源泉——想象。并且，由此我也想到，家庭教育的力量对一个人一生的影响是多么重要。因此，我在教育维尼芙雷特的过程中，就坚决吸取莱斯顿先生的教训，充分激发她的想象力，让她的童年生活一直在快乐中度过。

维尼芙雷特在四五岁的时候，也非常喜欢画画，并且也时常和卡勒斯一样，把自己充满想象力的画拿给我看。每当这时，我都会极力赞扬她的想象力，至于画得像不像，根本就不是一个重要的问题。不仅如此，我还时常鼓励她充分发挥自己的想象力，让她大胆一些，再大胆一些。这样一来，维尼芙雷特的画不仅越画越好，而且她的心态和性格也越来越健康。虽然维尼芙雷特长大后并没有成为画家，但我想，那丰富的想象力以及由此而带来的快乐，必将成为她人生成功与幸福的源泉。

想象力支配着整个世界

　　等到维尼芙雷特稍稍懂事之后，我就开始在每天晚上睡觉前给她讲述那些伟大人物的故事，让她知道想象力对于一个人来说有多么的重要。

　　记得有一次，当我们再次谈到想象的话题的时候，孩子突然对我说："人们都说想象只是艺术家的事，如果不想当艺术家，就什么都要从实际出发，什么都要以事实为标准。"

　　听到维尼芙雷特这样说，我知道她还不明白想象和实际之间的关系，于是就耐心地告诉她："从实际出发，凡事切合实际，这当然是没有错的。然而，有想象力也并不意味着背离现实啊。没有想象力的人，无论做什么事都要以实际为准则，常常受到条条框框的限制。这样的人，没有创造新事物的能力和勇气，做什么都缩手缩脚，不可能取得什么大的成就，只会一辈子平平庸庸。我让你要有想象力，并不是要你什么都靠想象，而是要敢于在实际的基础上发掘出新的东西。"

　　当时，维尼芙雷特歪着小脑袋又问："艺术家必须要有想象力，这我可以理解。可是，科学家呢？科学研究不是必须完全以事实为依据的吗？”

显然，维尼芙雷特这时候已经有了自己的观点，这个观点不是某个人单纯地植入她的头脑，而是她经过自己的思考得出来的，尽管她的观点是错误的，但我还是感到非常高兴。不过，关于想象力的问题，我还得对她进一步解释。

“当然，科学应该以事实为依据，但是，你想想，如果没有科学家的想象力，科学也同样不会有进步呀！”我对她说道。

“为什么呢？”维尼芙雷特疑惑地看着我。

“你想一想，如果人类不是靠最初的想象，怎么可能发现水的浮力，又怎么可能发明大船呢？如果我们人类没有想象力，也许我们到现在还住在山洞里呢。”我说道。

“哦，这样我就明白了，如果没有想象力，人们就不可能发明出灯泡，给我们光明；不可能造出汽车和火车，我们也不会有现在这样便捷的生活。”

“对啊，宝宝好聪明，知道以后该怎么做了吧？”

“嗯，世界上一切美好事物都是从想象开始的，所以我们每个人都应该充分发挥想象力，让生活变得更加美好。”

从那时起，维尼芙雷特便尽情地发挥自己的想象力，不论是在学习绘画和音乐上，还是在平时的游戏和生活中。这不仅开启了她的智慧，同时也给生活增添了很多乐趣。

然而，在现实生活中有很多家长不仅没有激发孩子的想象力，还用刻板的方式来限制孩子，给孩子带来了极大的伤害。在这样的教育环境下，孩子要么就慢慢丧失了想象力和创造力，要么就会非常痛恨生活。

格林先生是个生活刻板严谨的人，生活极有规律，无论发生什么事，作息时间从不改变。但这么一个讲究纪律的人，却有一个最调皮捣蛋的儿子彼特。

彼特是个精力旺盛的孩子，成天都在不停地动，不知疲倦地摔碎器皿、弄坏东西，惹是生非。他与他的父亲是两个极端，因此两父子之间的战争一天之中不知要发生多少次。

有一次，彼特把祖母刚送给他的万花筒拆开了，想看看里面究竟藏了些什么，这自然会招致他父亲的愤怒。不过拆东西可算是彼特最大的爱好了，凡是让他感到好奇的东西，都逃不过被拆的命运，当然他也逃不过挨揍的命运。可是无论挨父亲多少次打骂，他的这个毛病始终也改不了。

还有一次，彼特竟然把一块金表给拆开了，要知道这块表是彼特故去的爷爷留下来的遗物。他父亲一直十分珍惜，总是带在怀里，从不离身。不久前他还说表出了点故障，必须拿去修理，哪知还没来得及修，就被他这个调皮的儿子给翻了出来。现在这表被大卸八块，零件散落了一地。格林先生立即暴跳如雷，一耳光将儿子打得坐在地上，接着他上去就是一阵拳打脚踢。

第二天，彼特突然失踪了。原来他是跟着一个马戏团跑了。当家人找到他的时候，他依然不肯跟回家，而且态度十分坚决。他说自己在家里总是不愉快。而跟马戏团在一起，却感到非常自由、非常快乐，他喜欢马戏团的这种自由自在的生活。

直到彼特的母亲哭得昏死过去，他才不情愿地回家了，这件事对格林先生的震动非常大，他开始认真地对待儿子的天性，不再强求他非要与自己一样。这样一来，他发现自己和儿子都变得轻松愉快了。而且，渐渐地，他从儿子身上发现了越来越多的优点，其中就包括丰富的想象力。

要知道，想象力就是创造力，童年是人生中想象力最丰富的时期，我们作为父母一定要因势利导，为孩子发挥想象力创造广阔的空间，而不要以自己的刻板来影响、阻碍孩子想象力的发展，否则，你可能就会成为抹杀孩子一生幸福的罪魁祸首。

星空下的美丽传说

很多人认为，神话故事和传说是没有价值的东西，因此不应该给孩子们讲这些故事。而我却不这样认为，正相反，我认为自古流传的那些美丽的神话和传说是开发孩子想象力的有效方式，它能够让孩子在想象的天空中自由驰骋，给孩子带来无尽的乐趣。因此，只要有机会我便选择一些神话或传说讲给维尼芙雷特听，并且事实上，维尼芙雷特也非常喜欢这些故事。

和其他小孩子一样，在晚上的时候，维尼芙雷特也非常喜欢坐在外面眺望夜空中灿烂夺目的星星。每当这时，我都不会以任何理由去阻止她，并且还会给她讲一些有关星空的故事。

在一个晴朗的夜晚，我的维尼芙雷特像往常一样，坐在院子里的椅子上眺望着星空。她看得十分出神，似乎在思考着什么。

"维尼芙雷特，你在想什么呢？"我轻轻地走到了她身边。

"我在想，那些星星上是不是真有仙女？"

"那么，你认为有吗？"

"有，当然有。"

"为什么呢？"

"你看那些星星是那么明亮、干净，一定是那些仙女把它们收拾干净的。否则，它们怎么会那么亮呢？"

"是啊，我也是这样认为的。所以，你也应该像仙女那样勤快，把周围的东西都收拾得干干净净的。"

"那么，天上到底有多少星星呢？"

"啊，这可是个不好回答的问题。因为我认为，天上的星星是数不清的，非常非常多，恐怕没有人能够数得清吧。"

"哇！那妈妈的意思是，天上的仙女也多得数也数不清喽？"

"这个当然啦。"

"可是，我为什么总是见不到她们呢？"

"维尼芙雷特，你要明白，仙女并不是什么神奇的人。我认为，只要一个人能够做到勤劳、善良，并且有一颗美好的心灵，那么她就是一位仙女。"

"那么，我也能成为仙女喽？"

"当然，不是早就有人说过，我的维尼芙雷特像仙女一样可爱吗？"

听我这样说，维尼芙雷特高兴地笑了笑，又继续提出她的问题："那些星星上到底有什么？那上面也有人吗？"

"这个嘛，嗯，我也说不清楚。不过，我知道现在有很多天文学家正在研究这个问题。"

"天文学家？"

"是的，天文学家就是专门研究宇宙的科学家，他们的工作就是要解开宇宙的秘密。比如说，太阳上有什么，月亮上又有什么，那些星星究竟离我们有多远，等等。"

"这么说，天文学真是一门有意思的科学。我要是也能研究天文学就好了。"

"这一点都不难啊。只要你努力学好知识，等你长大后完全有机会成为一位了不起的天文学家。"

从那以后，维尼芙雷特简直变成了一个天文迷，整天要我给她讲关于宇宙的故事。对于女儿的求知欲，我当然会尽力去满足。当然，我不仅给她讲故事，还专门给她买了一些有关宇宙的带有插图的书籍。

就这样，维尼芙雷特在4岁的时候，就已经掌握了大量的天文学知识，比她同龄的孩子们懂的东西要多得多。我经常看到维尼芙雷特和一群小伙伴聚在一起讨论世界的奥秘。不过，一般来说都是女儿当主讲，别的孩子围在她身边安安静静地听着。

有一天，维尼芙雷特给小伙伴讲了有关太阳系的事，她的知识让其他孩子们大开眼界，并为她的学识感到诧异。

"你们知道吗？我们生活在宇宙中的一个小星球上。"维尼芙雷特这样说道。

"什么？小星球？地球那么大，怎么能说是小星球？"

"不会吧，我们生活在大地上。"

"胡说，我们生活在城里。"

有不少孩子提出了异议，并且七嘴八舌地议论起来，每个人都坚持自己的观点，觉得维尼芙雷特这次说得似乎有些夸张了。这时候，小维尼芙雷特拿出自己的书本，翻开画有太阳系的图画给别的孩子们看。

“你们看看，这个就是地球，这个是火星，这个是水星……这些星球都围绕着太阳旋转。”维尼芙雷特一边翻书，一边给孩子们讲解。

　　“可是，你为什么说地球是个小星球呢？”有人问道。

　　“当然小啦。你没有看到在这张图上，地球只是一个小点儿吗？你们看，太阳系有这么大，它包括八大行星，还有太阳。可是，在宇宙中还有多得数不清的其他星系。你们想想，这样一来，地球不就是整个宇宙之中的小星球吗？”维尼芙雷特认真地解释道。

　　“可是，我却觉得地球很大，因为我父亲曾在世界各处旅行，花了很多年时间都没有走遍整个地球。”这时候，其中的一个孩子仍然不服气地辩解道。

　　“这个很正常嘛，地球再小，也比人大得多了。这只能说明我们人在宇宙当中实在是太渺小了。”维尼芙雷特微笑着解释道，那种自信，俨然一个小老师了。

　　就这样，维尼芙雷特从眺望星空开始喜爱上了天文学，并掌握了大量的自然科学知识。她从对神话、传说的想象开始，逐渐变成了对科学自觉的探求。我想，这是一个人成长的必然过程，并且这个过程也符合我们整个人类的发展历程。如果我们忽略掉前面的神话传说，直接给孩子灌输宇宙天文学的知识，不仅无法激起他们强烈的兴趣，同时还会限制他们的想象力，把学习变成一件枯燥乏味的事情。我认为，这实在是教育的大忌，也是父母的悲哀，其结果必然是造就一个书呆子。

世界上最不幸的人是不善于想象的人

我一直认为，一个在童年时代充分发展了想象力的人，即使遇到再大的不幸，也能从不幸中找到幸福。相反，缺乏想象力的人，则只会在生活中屡屡失败，而永远不会取得什么成就。在维尼芙雷特小的时候，我便经常对她强调，再也没有比拥有丰富的想象力更重要的了。我想，这种意识一定深入她的思维，因为我渐渐发现，维尼芙雷特不仅可以通过想象力为自己找到生活的乐趣，而且还会利用想象力帮助别人摆脱苦恼。

有一次，维尼芙雷特的小伙伴托尼生了一场大病，由于成天躺在床上，不能到外面和其他小伙伴一起玩，所以心情非常沮丧，整天垂头丧气的，对什么都提不起兴趣，对什么都没有信心。

维尼芙雷特问我："你说，有什么办法可以帮帮托尼吗？"

我没有回答，而是指了指自己的脑袋，提示她自己想一想。

小维尼芙雷特仰着头想了一想，便喜笑颜开地跑了出去。我知道，她一定想到了什么好办法，由于当时正好也没有什么特别要紧的事，便跟在她后面一起探望托尼。

为了帮托尼摆脱坏情绪，维尼芙雷特特意给他带去了有趣的书和漂亮的图片，但托尼好像一点兴趣也没有，还说这些东西没用。于是，维尼芙雷特给他讲了一些有趣的故事，这些故事都是过去我讲给她听的，没想到她不仅记得很清楚，而且还自己加了一些情节，使其丰富了许多。不过，遗憾的是，故事也没有引起托尼的兴趣，他还是一点反应也没有。

"难道，你就不能想象一些美好的事吗？"维尼芙雷特问托尼。

"想象？想象管什么用？"托尼回答说。

"想象可以帮你摆脱生病的痛苦，还能使你的心情变好。"

"不，我可不这么看。我看想象没什么用，我只想病快点好，我好出去玩。"托尼依然很悲观地回答道。

"可是，在你病没有好之前是不能出去玩的，你为什么不读读书，看看漂亮的图画来摆脱坏心情呢？"维尼芙雷特劝托尼试着利用想象来获得快乐。

"这样做有用吗？"托尼疑惑地看着维尼芙雷特。

"当然，有一次我生病，就是用这个办法使自己高兴起来的。"维尼芙雷特开始津津有味地介绍自己的切身体验，"那次，我病得可严重了，但我一点也没有垂头丧气。虽然我必须躺在床上，不能出去玩，可我在床上总是闭上眼睛，想象那些美好的事情。我想象我在草原上跑，草原上到处是鲜花；我想象我在蓝天上飞，穿过那些棉花一样柔软的白云，真是有意思极了。渐渐地，我就忘记了生病的痛苦，变得开心起来。结果，我的病也就很快地好了。"

"真的吗？如果真是这样，那么我决定试一下。"托尼受了维尼芙雷特的影响，也想体会一下想象的乐趣。

可是，无论托尼怎么努力去想象美好的东西，却总是不能进入状态。他一闭上眼，想到的就是自己正在生病，只能躺在床上，不能出去玩。最后，他只好说想象不起作用，心情依然如故，还是不能摆脱疾病的痛苦。然后，维尼芙雷特又给他讲故事、读书，可他仍然听不进去，仍然陷入那种坏心情之中不能自拔。

我发现，在生活中像托尼这样的人还有很多。他们没有想象力，也没有乐观向上的精神，一有困难就怨天尤人，既不能从自己的内心里找到快乐，也无法尽快从痛苦中走出来。我想，这样的人才真正是世界上最不幸的人吧。

从小，维尼芙雷特就有过人的想象力，这不仅对她智力的开发起到了非常关键的作用，也为她乐观的性格打下了很好的基础。记得在维尼芙雷特 5 岁的时候，她的舅妈不幸因病去世了。平时，舅妈特别疼爱维尼芙雷特，她们之间建立了非常深的感情。一听到舅妈去世的消息，维尼芙雷特就陷入了极度的悲痛之中，不知为此痛哭过多少回。然而有一天，维尼芙雷特突然不哭了，反而还去安慰暂时住在我家的舅舅。

那时候，我的弟弟失去心爱的妻子，生活态度一直很消沉。我想，这是人必经的一个阶段，过一段时间之后，他自己自然会从悲痛中解脱出来，因而也并没有过多安慰他。然而，没想到的是，我 5 岁的维尼芙雷特居然像成年人那样劝舅舅不要太难过，这顿时让我们大家都感到非常诧异。

维尼芙雷特对舅舅说："亲爱的舅舅，你不要再难过了。我知道，你很爱舅妈，但这也是没有办法的事，舅妈是个善良的人，我想她现在一定到了天堂，她一定会得到上帝的爱，她的生活一定很幸福。"听到维尼芙雷特这么一说，我也赶紧去安慰我那可怜的弟弟，说人死不能复生，必须自己去面对未来的生活。

过后，我问维尼芙雷特怎么会想到去安慰舅舅。她说："我想，舅妈是个好人，她虽然去世了，但她的灵魂会得到安息的。我想舅妈现在一定坐在天上的云彩上，正在天堂里享受幸福，所以我也就不再难过了。我看见舅舅那么难过，就想让他也像我这样想。不管怎么说，痛苦总是没有好处的。我希望舅舅也能快点高兴起来。"

听了维尼芙雷特的一番话，我感到非常欣慰。我觉得，女儿这么小就能乐观地看问题，那么她长大之后在生活中遇到困难和痛苦时，就有能力接受命运的挑战，而不至于被挫折所击垮。

也许有人会这样说，靠想象来摆脱痛苦是一种自我逃避。然而，我却不这样认为，在我看来，无论使用什么方法，只要能把自己从不幸中解脱出来就是一件好事。因为对于人来说，最重要的就是快乐和幸福，而这种勇于面对痛苦并且在逆境中寻找快乐的品质就是坚强。维尼芙雷特在 5 岁时，就已经懂得了这个道理，用她的话说，一个既坚强又有想象力的人，才会成为一个真正幸福的人。

充满想象力的表演

为了发展维尼芙雷特的想象力，我时常和她一起表演神话和传说中的情节。通常情况下，表演都需要有一个背景。可是，我和女儿的表演中往往没有背景，因为我觉得这样更能给她自由发挥的余地，而不用那些背景之类的东西限制她的想象力，从而使她的想象力得到充分发展。

记得儿童剧场的创始人阿里斯·彭尼·赫茨女士曾经说过："如果儿童剧场的布景和装扮太过逼真，孩子们就没有想象的余地了，这样反而不能促进他们想象力的发展。当今教育的弊病就在于过于接近现实，从而不能让孩子的想象力得到充分发展。"我个人认为，赫茨女士的观点真是太对了，她不仅指明了想象力在儿童教育过程中所占据的重要地位，而且点出了儿童剧布景和装扮对于想象力的局限。因此，我在与维尼芙雷特进行表演时，很少用过多的背景来限制她的想象力，最终演成什么样子，完全由她自己来决定。

有一次，当我和维尼芙雷特一起读完一个王子与公主的故事之后，她兴奋地要求我和她一起来表演一遍。自然，作为一个母亲，我从来不会拒绝女儿这样的要求。记得当时故事的情节是这样的：有一个年轻的公主，她不幸被魔鬼抓走了，被困在一个偏远的山洞里。深爱着公主的王子找了很久，终于找到了那个山洞，并勇敢地与魔鬼进行了搏斗，最终打败了魔鬼，把公主救了出来。经过商量之后，我们决定由维尼芙雷特扮演王子，而我则来扮演公主。因为，这个故事主要是表现王子的勇敢，维尼芙雷特就主动要求扮演这个角色，她想当一次英雄。

　　表演开始了，维尼芙雷特手持"宝剑"和虚拟的魔鬼奋力搏斗，不停地痛骂魔鬼的邪恶。不过，她很快便脱离了故事的情节，进入了自己创造的故事之中。在原来的故事中，王子是骑着马去的，但在维尼芙雷特的演绎中，她没有做骑马的动作，而只是不停地用手臂表现飞翔的姿态。她一边"飞翔"，一边用"剑"刺杀魔鬼，并且想把公主抱起来和她一起飞走。

　　演着演着，维尼芙雷特又说错了台词，不再叫我公主而是叫"妈妈"。她不停地喊："妈妈，妈妈，快来，我们一起飞到天空中去。"当时，我差一点笑出声来，但仍然没有去打断她，也没有去纠正她的错误。因为我认为，这种表演最终的目的就是为了培养女儿的想象，不一定要完全按照原故事那样去演。

　　等表演结束之后，我问维尼芙雷特："你为什么在表演的时候想到了飞翔？原来故事中的王子不是骑着马去寻找公主的吗？"

　　维尼芙雷特对我说："我本来是骑着马的，可后来我想到公主在山洞中被魔鬼欺负一定很痛苦，便觉得骑马太慢了，干脆就飞了过去。妈妈，我用飞翔来表演有什么不对吗？"

"没有什么不对，我觉得你表演得真是棒极了。而且，我也认为飞翔比骑马更好，更有想象力，更能够表现王子的心情。"我这样说，以鼓励女儿大胆想象的勇气。

"是啊！飞翔的感觉真是太美妙了。"女儿兴奋地说道。

"那么，飞翔是什么感觉，你能对妈妈描述一下吗？"

"飞翔的感觉让人愉快。我仿佛听到了耳边的风声，我好像在空中飞得很快，并且看到了大地上的山川树木，那样的画面多么美呀！"

"那么公主呢？你认为她会怎样？"我对女儿的回答表现出了极大的兴趣。

"公主当然也会高兴，因为她脱离了魔鬼的掌控。我想，那个邪恶的魔鬼一定在地上气得发抖，他看见我们飞得那么高那么快而束手无策，一定会把他气死。哼，不过那也是活该，谁让他总是干坏事！"维尼芙雷特似乎真的觉得就有那样一个魔鬼一样，对他进行无情的批判。

"可后来又怎样呢？"我又问女儿。

"后来？我们还没有演哪！"

"虽然没有演，但你可以继续想象下去啊。你想一想，救出公主后，你应该怎么办？"我继续引导女儿展开想象。

"救出公主之后，嗯……"维尼芙雷特想了想，然后说："救出公主后，我先把她带去见国王，让他们父女见面，然后……"

"然后怎样呢？"

"然后，我一定会求国王把公主嫁给我。"

听到维尼芙雷特这样说，我忍不住大笑起来。

"妈妈，你笑什么？有什么不对吗？"女儿不解地看着我。

"没有什么不对，这是合情合理的，你的想象力真好。"

看着维尼芙雷特天真烂漫的模样，我真为她感到高兴，她表演得是那么生动、那么富有激情，即使表演结束了，也仍然能够按照故事的线索将它继续想象下去。从这一点看来，女儿的想象力已经得到了很好的发展。

这种表演在我们的生活中时常进行，根本不需要什么特别的准备，有了兴致随时都可以来玩。在这种表演中，维尼芙雷特可以将她的想象力发挥得淋漓尽致。并且，除了这种表演的方式，我还和维尼芙雷特各自交了位想象中的朋友，以此来培养女儿的想象力。我的朋友叫内里，女儿的朋友叫鲁西。当我们远离身边的朋友住在乡下时，我们就请出这两位想象中的朋友，这样我们可以4个人一起玩了。这样一来，即使维尼芙雷特独自一人的时候也不会感到孤独和无聊。我认为，这样非常有利于她快乐性格的形成，这不仅培养了她的想象力，也使她的生活增添了不少乐趣。

让女儿为自己设计玩具

在我的周围，有很多父母对子女真是疼爱至极，只要孩子喜欢，无论什么样的玩具都会给他们买来玩。诚然，爱孩子无可厚非，玩具也确实可以给孩子带来无穷的乐趣，但是我认为，太多的玩具对孩子的成长并没有多大的好处，因为这些玩具只能帮孩子打发无聊的时间，而对他们的教育则没有带来任何益处。

经过长期的观察与思考，我发现孩子的玩具不应该是包罗万象、完美无缺的，因为太完美的东西会影响孩子发挥自身的能力，妨碍他们主动运用想象力。我认为，玩具实际上不应该仅仅用于玩耍，而要对孩子产生积极的影响。把教育渗透到游戏之中，这才是游戏真正的意义所在。因此，我从来不给维尼芙雷特买太齐备的玩具。

从维尼芙雷特很小的时候起，我就只给她布娃娃和橡胶娃娃。她可以跟这些玩具说话，还可以和它们一起睡觉，这样一来，通过这些玩具就可以发展她的想象力。有时候，她还会自己玩和玩具对话的游戏，她自己构思情节，给各个娃娃分配角色，然后她便模仿着各个角色应当有的声音来进行表演，比如她给其中的一个娃娃分配了老爷爷的角色，等到这位"老爷爷"发言的时候，她就会刻意把声音变得沙哑一些。看着女儿绘声绘色的表演，我总是忍不住偷偷地笑个不停。

事实上，我不仅只给女儿买来一些简单的玩具，而且还鼓励她自己动手做一些玩具。有时候，我会给她准备剪刀和碎布，教她自己缝制娃娃的服装。这样一来，不仅锻炼她的想象力，而且还可以使她从小就学会一些基本的生活技能。

为了让维尼芙雷特学会这些"小技术"，我时常先用碎布给她做一两个样本，然后让她自己照着做，以此来锻炼她的动手能力。不过，女儿往往会出人意料地搞一些发明创造，而且常常比我给她的样品还要好。

有一次，维尼芙雷特兴冲冲地跑到我的跟前，双手举着两个不同的布娃娃，它们都穿上了不同的"新衣服"。

"妈妈，你看哪一个更漂亮呢？"

我仔细看了看，女儿左手拿的那个布娃娃穿的是我之前帮她做的衣服，右手拿的那个穿的则是她自己做的衣服。我做的衣服很正规，像真的一样，而女儿做的那套衣服却很有创意。她把裙子做得特别长，像孔雀尾巴一样向后散开，看上去非常华丽。另外，在颜色搭配上也有不少独到之处。相比之下，我做的那件衣服就显得缺少了那么一点灵气。

女儿见我不说话，有些着急了："妈妈，你快说呀，究竟哪一件更漂亮？"

"当然是右边的漂亮，你看它多么华丽呀。"我一点也没有哄孩子的意思，这的确是我真实的想法。

"那么，我可以穿这样的衣服吗？"维尼芙雷特兴奋地说。

"当然了，你穿上这样的衣服，一定非常漂亮。"

"真的吗？明天你给我做一套好吗？就照这个样子做。"

"维尼芙雷特，我很愿意为你做，可是，这样的服装太奇怪了，穿着它上街恐怕不大好。"

"你的意思是说它不好看！"

"不，我可不是这个意思。我是说，这样的服装更适合在戏剧舞台上穿，因为它很有艺术性。这样吧，如果下次你要参加什么演出，我一定给你做这样一套。"

当时，维尼芙雷特看上去有些失落，但她毕竟是一个聪明的孩子，也明白我所说的意思，就没有再坚持。几天之后，她似乎就把这件事情忘记了。不过，我并没有忘记。在圣诞节那天，我参照维尼芙雷特自己所设计的娃娃服装，为她制作了一件漂亮的节日礼服，她穿着这件服装参加了一个很精彩的节目，并且受到了小伙伴的交口称赞，那一天，维尼芙雷特真是高兴极了。在后来的日子里，女儿不仅为自己设计演出服装，还为别的孩子设计。

如今，我的衣柜里仍然保存着女儿设计的那套服装，每当我看到这套具有纪念意义的衣服，就会想起女儿小时候可爱的样子，同时为女儿从小形成的丰富想象力和创造力而感到骄傲。

◇ 培养孩子的想象力 ◇

　　孩子还不明白想象和实际之间的关系，大人需要耐心地讲解。世界上一切美好事物都是从想象开始的，所以我们每个人都应该充分发挥想象力，让生活变得更加美好。

高情商家教思维

1. 想象力在孩子的成长中有什么意义?

_____
_____
_____

2. 如何训练孩子的想象力?

_____
_____
_____

3. 如何引导孩子展开想象?

_____
_____
_____

4. 你的孩子通常会有什么样的充满想象力且令你惊叹的表现?

_____
_____
_____

5. 如何把教育渗透到游戏当中?

_____
_____
_____

第四章

让孩子在愉快的环境中成长

我从不伤害女儿的自尊心

我想，只要是有责任心和爱心的父母都会注意到，孩子的心是稚嫩的，必须小心地呵护，尤其不能伤害他们的自尊心。然而，在现实生活中，很多父母却经常在不经意间伤害了孩子的自尊心，这的确是一件令人十分痛心的事。

事实上，孩子们和大人一样，都有着自尊心。作为父母，如果能够认识到这一点，就一定能够避免许多不必要的麻烦。然而，许多父母往往对自己的自尊心比较敏感，每当孩子有叛逆行为时，伤到了自己的尊严，便会怒不可遏，一发为快。可是，当孩子觉得委屈了或遇到有可能伤面子的事，父母则一般都会认为：小孩子嘛，有什么面子不面子的。而且，有的时候还会有意给他们一点伤害，以此作为惩戒的手段。

我认为，这种做法是非常不明智的。这样一来，非但不会给孩子带来任何好处，反而会对孩子造成心灵上不可磨灭的伤害。不过幸运的是，从维尼芙雷特出生到现在，我就从来没有以这种态度对待过她，因为我爱我的女儿，我不愿意让她受到任何伤害。

哈里斯是我的一位熟人的儿子。他从小便是一个既聪明而又懂事的孩子，才 6 岁就开始帮母亲做一些力所能及的家务事。有一天，哈里斯和母亲一起购物回到家，他帮着母亲将买到的东西从外面搬到厨房。母亲看到他抱着一堆玻璃瓶，不禁担心起来，说道："哈里斯，你最好分两次拿，这样会打烂瓶子的。"

哈里斯固执地说："不会的，妈妈，我之前也拿过这么多的东西。"

母亲有些生气了，看着儿子说："如果你不听妈妈的话，肯定会打碎瓶子的。"

哈里斯装作没听见，只顾往厨房里走。然而，没想到他刚走进过道，瓶子就接二连三地掉落下来，有些还被摔破了，洒了满地的汁水。

哈里斯的母亲看着满地狼藉，不禁火冒三丈："我告诉过你的，可你就是不听，你看看把这里弄得乱七八糟的。"

实际上，哈里斯把瓶子打碎本来就已经感到很惭愧了，他本来是想帮母亲的忙，想得到母亲的表扬，没想到换来的却是这样的结果。顿时，哈里斯感到无地自容，丢下手里的瓶子，跑回了自己的房间。从此以后，哈里斯再也不帮母亲干活了。

我认为，当哈里斯不慎摔坏瓶子后，他就已经认识到了自己的失误，这种事实造成的结果，其实比母亲事前的警告与事后的教训效果还要好。这时候，哈里斯的母亲本应该能体会哈里斯的心情，及时给孩子一些安慰，告诉他下次注意就好了。然而，哈里斯的母亲却没有意识到这一点，她本能地发泄了自己心中的情绪，对儿子采用了责骂的方法，使他感到非常难堪。我想，这种情况可能很多家长都遇到过，并且采取了和哈里斯的母亲类似的方法。可是，我们反过来想一想，与孩子的教育比起来，那几个瓶子又算得了什么呢？为此而伤害孩子的自尊心，难道不是太小题大做了吗？

维尼芙雷特在 5 岁的时候，就已经是个非常有主见的孩子了，可以说，几乎在所有事情上，包括吃、穿、住、行，都有她自己的观点。对于这一点，我感到非常高兴，因为从小培养女儿的自主性，也是我实施教育的目标之一。这样一来，长大之后才会果断行事，不会优柔寡断、人云亦云。然而，任何事情也都有其反面，让我时常感到头疼的是，有些时候女儿在某些方面显得太过于有主见了，往往不能把事情做好。

记得有一次，我们和一些朋友去郊游。因为当时已经是春天了，大家都穿上了轻松的春装。可是，维尼芙雷特非要穿她的那件绿色大衣不可，因为她觉得那件衣服非常好看。

我对女儿说："现在已经不是冬天，天气热了起来，如果你穿大衣出去，会捂得很难受的。"

然而，维尼芙雷特非常固执地坚持自己的观点，不肯采纳我的建议。于是，等我们到了游玩的地点，其他的孩子都穿上了轻便的服装，只有维尼芙雷特一个人捂着厚厚的大衣，在温暖的天气下，热得她满脸大汗。这时，她注意到其他孩子在用奇怪的眼神看着她。

"妈妈，我有些肚子疼，我们回家吧。"维尼芙雷特对我说。

我知道女儿的意图，她自己已经觉得不好意思，是在想找借口离开这里。

"哇，春天真让人感到舒畅。"我假装没有听到女儿的话，只是自言自语地说，"那些孩子穿的衣服显得多么轻松呀。"然后，低头对维尼芙雷特说："我早就想到你可能会改变主意，所以把你的春装也带来了，想不想到树林里去把它换上？"

这时，维尼芙雷特的脸上顿时阳光灿烂，亲热地吻了我一下，并要求我带她到树林中去换衣服。并且，从此以后，维尼芙雷特再也不那么固执，并养成了善于接受别人意见的好习惯。

我想，在这件事情上，如果那天我不给女儿带上春装，而让她忍受由穿得太厚而带来的难受，以及别的孩子对她的奇怪眼光，或者当着众人的面嘲笑她，那么一定就会对她的自尊心造成伤害。那样的话，不仅不能让女儿养成采纳别人意见的习惯，还会使她在今后做任何事情时都不敢自己做决定，从而损害她的自信心。

相反，我采用了另一种教育的方法，我不露痕迹地把女儿从尴尬中解救出来，她当然会感激我的做法，也为自己摆脱困境而庆幸。并且，她也会知道，到了春天就应该穿春天的衣服，无论冬天的衣服有多么漂亮。她还会懂得，有些时候放弃自己的观点，听妈妈的话是不会错的。

用"暂停法"来摆脱情绪失控

在培养维尼芙雷特的过程中，我发现年幼的女儿经常会陷入一种不能自控的状态，似乎丧失了任何使自己镇定下来的能力。有时候，她还会提出一些无理要求，而当要求没有得到满足的时候，她就会无休无止地哭闹和不顾一切地反抗。我想，这也许是所有人的一种通病，对于孩子来说，这大概也是一种很普遍的现象。

可能很多父母都有过这样的经历：当他们在向孩子大喊"不许这样"的时候，孩子就好像没有听见一样，仍然哭闹不止。于是接下来，生气的父母可能打孩子几下，试图以这种方法来止住孩子毫无道理的哭闹。然而，大量事实证明，这种方法非但没有成效，还会导致孩子像被火上加油一样更加暴躁，结果父母也就愈加不能控制自己，大发脾气。一时间，孩子的哭喊声和父母的呵斥混合在一起，还夹杂着父母打孩子的声音，那种情形简直可以说是天翻地覆，让人感到疲惫不堪。

我认为，遇到这种情况，父母的出发点并不是要惩罚孩子，而是要使孩子停止"疯狂"的行为。在维尼芙雷特的成长过程中，也会像一般的孩子一样，偶尔会有这种"疯狂"的时刻，而我通常则会采用"暂停法"来控制女儿的这种情绪失控。

记得有一次，我准备带3岁的维尼芙雷特去一位朋友家做客，当什么都准备妥当的时候，她突然要求穿上自己刚刚换下来的一条裙子，而这条裙子在她之前玩耍时已经被弄脏了。当她的要求遭到我委婉的拒绝之后，她突然发疯似的拉着我喊："我就是要穿那条短裙子，你快给我换上。"

我向她做了充足的解释，并且已经收拾停当，最后实在没办法，便生气地对她说："维尼芙雷特，如果你再这样胡闹，我就不带你出去了。"

"不去就不去，反正我就是要穿那条短裙子。"小维尼芙雷特喊道，嗓子已经哭得有些嘶哑了。

于是，我把已经打开的房门关上，冷静地对她说："维尼芙雷特，你现在情绪不稳定，我们停一停。"然后，我把她带到她的房间，把她放在床边的小凳子上。女儿没有反抗，尽管还在哭叫，却乖乖地坐在那里。

"5分钟之后，我过来找你。"我对维尼芙雷特说。

维尼芙雷特点点头，坐在那里没有动，接着我走出了她的房间。5分钟后，维尼芙雷特不再哭泣，在房间里喊我："妈妈，我可以出来了吗？"

"可以了，那么你还想去安迪叔叔家吗？"

"想去。"女儿走到我跟前，把头靠在我身上，乖巧地说，"妈妈，我们走吧。"

实际上，我让女儿"暂停"一下，并不是想让她在痛苦中学到什么，而是为了使她摆脱暴躁，重新获得平静，忘掉自己的无理要求。因此，假如女儿在"暂停"的时间里发现了什么好玩的东西或游戏，只要没有危害，我就会让她高高兴兴地玩一会儿。

在维尼芙雷特3岁的时候，喜欢拿着画笔到处乱画，有时根本不在我为她准备好的纸上画，似乎无法控制自己。有一次，维尼芙雷特又把画画得到处都是，于是我便拉着她的手说："你是想规规矩矩地玩呢，还是想到你的房间去待上5分钟？也许到房间里去待一会儿，会让你感觉好一点。"

小维尼芙雷特非常调皮，她好像要试探我是否会真的实行这一办法，丝毫没理我的话，依然任性地涂抹着家具。我对她说："看来，你选择了回房间待一会儿，是要我送你去呢，还是你自己去？"

维尼芙雷特没有动，于是我拿下她手中的画笔，拉住她说："那么，你是选择了让我送你去。"到了她的房间，我心平气和地对她说："等你觉得好一点儿之后再出来找我，我们可以玩别的游戏。"说完我便离开了。

大约过了5分钟，维尼芙雷特从房间里走了出来，她显然已经忘记了刚才的"不愉快"，自己在地上玩起了积木游戏。

后来，我为维尼芙雷特买了一个计时器，让她自己设好"暂停"的时间，通常是5分钟。有时候，女儿拒绝在自己的房间里待着，跟着我跑出来，我会立刻把她送回去，并且延长时间。有时候我会问她，要不要我在里面陪着她，直到她感觉好一些为止。

在维尼芙雷特4岁的时候，她已经习惯了我用"暂停法"让她平静，每次她都是自动地走进房间，直到心情平静下来。有时，她会在房间里玩一些别的东西，而我从来不干涉她。在这种情况下，她甚至会忘掉规定的暂停时间，索性待在里面高高兴兴地玩下去。

也许有人会认为，我的这种"暂停法"对孩子来说是一种惩罚，与很多父母都会采用的"关禁闭"的方法无异。实际上，我认为这两种方法有着本质的差异。我从来不会让女儿感觉这种"暂停"的方法是对她的惩罚，而是让她认为是另外一种放松方式。因为，一旦给她惩罚的感觉，她就会拼命地反抗，这不仅不能帮助她摆脱原有的坏情绪，反而会让坏情绪更加强烈。

根据我的经验，应用"暂停"的方法来帮孩子控制情绪，是非常有效的。可以说，与那些惩罚相比，孩子会很乐意接受这种方法。因此，如果你的孩子也经常情绪失控，并且到目前为止你还没有找到合适的解决方法，那么不妨就试一试这种方法。

我与女儿互相尊重

　　我认为，父母完全有理由让孩子知道自己的烦恼，无论对大人还是孩子，这都是一种非常明智的选择。事实上，把自己的烦恼告诉孩子，就会让孩子产生一种平等相待的感觉，他们会觉得自己受到了尊重，那么相应地，他们也会因尊重你而停止自己的无理行为。维尼芙雷特有时候也非常顽皮，每当我被她弄得不胜其烦时，我就会告诉她我的感受，让她知道她正在给我带来烦恼，并让她学会理解和尊重别人。

　　大多数父母可能都有体会，有时候孩子的自私简直令人惊讶，甚至当他们已经到了应该很懂事的年龄，却仍然是那么的"不懂事"。在一般情况下，在困惑中的孩子，即使得到了父母的安抚、慰藉，仍然会有更多的麻烦堆在那些本来就已经非常辛苦的父母面前，迫使父母为他们服务。这常常让父母很生气，却又不便发作，因为他们已经表示理解孩子的苦衷，并愿意尽力帮助孩子。这时候，怎么能有任何抱怨呢？

　　不过，在我看来，父母的这种自我牺牲和忍耐都是有限的，当这种烦恼积累到一定程度之后，就会瞬间爆发出来，造成家长和孩子双方的不愉快。因此，在这种不愉快爆发之前，做父母的不妨真诚地跟孩子谈一谈心，说一说自己的困扰，我想会得到孩子们的理解的。

在养育维尼芙雷特的过程中，我发现当我明确地向女儿说出自己的感受时，往往会收到意想不到的效果。在我看来，每当这个时候，一向只考虑自己的情绪而不管别人感受的女儿，会突然变得非常有理智，开始照顾别人的情绪了。不过，值得注意的是，向孩子表达自己的感受，并不是控诉和指责孩子，不能把握好这种区别，就收不到理想的效果。

维尼芙雷特有个叫安娜依丝的小伙伴和自己的母亲达成了一项协议：如果没有什么特殊的安排，安娜依丝每到周六必须首先打扫自己的房间，把它收拾干净后再做其他的事情。可是，在这个协议执行了两个星期之后，安娜依丝的母亲有一天到女儿的房间里检查，发现里面乱七八糟，根本没有整理过。这时候，安娜依丝已经和小伙伴们到外面玩去了，而且玩到很晚才回到家。

安娜依丝一回来，母亲就生气地质问："安娜依丝，你今天的做法真是让我感到很难过。"

安娜依丝还没有意识到自己的问题，她可能确实已经把那件事情给抛到脑后了，因而问道："怎么啦？"

"你总是这样说话不算数，该做事的时候悄悄溜掉，我认为这是不负责任的表现。"母亲把自己心里的话说了出来，口气中充满了抱怨与责备。没想到，安娜依丝撇了撇嘴，就走进了自己的房间，把门一关，留下母亲独自在那里生闷气。

那么，安娜依丝的母亲的做法有什么不对吗？她说的那些话究竟是指责还是表达自己的感受呢？据我看来，这位母亲一开始确实是想表达自己的感受，但说着说着就变成指责了，而这种指责只会激起女儿的反抗。试想，如果安娜依丝的母亲这样说："我很失望，我想我们应该履行协议，先收拾完房间再出去玩。"那么，效果必然会完全不一样。这样，既表达了母亲对孩子的不满，又没有给孩子发脾气的理由，女儿也会认识到自己的错误，理解自己的母亲，下次必定会做出改变。

　　维尼芙雷特在小的时候，也总是没有时间概念，有时候和小伙伴们玩得高兴了，会很晚才回家。关于这件事，我曾经提醒过她几次，她似乎也有所改正。但有一天，维尼芙雷特和小伙伴们玩得又忘记了时间，等到很晚才回家。由于她太小，让我非常担心。于是，一听到维尼芙雷特的敲门声，我就冲了过去为她开门，当时我真想骂她一顿，给她点颜色瞧瞧，但最后还是控制住了情绪。我一见到她就说："感谢上帝，你总算没有出事。"

　　维尼芙雷特说："我一直在罗茜家玩啊，怎么啦？"

　　我说："你应该早点回家，刚才妈妈非常担心，你玩到这么晚还不回来，我真怕你出了什么事。"

　　女儿扑过来亲吻了我："对不起，妈妈，我以后一定早点回来。"

　　我采取了正确的方式，让女儿深刻地认识到了自己的错误，也让她感觉到了我对她的爱，因此她就会懂得理解和尊重我。从那以后，维尼芙雷特就很少让我为她担心什么了。所以，我认为父母在表达自己的感受时，要采取恰当的方式和语气，否则孩子就会认为你不真诚。让他感觉你在责备、刁难他，这样一来，就很难达到你的教育目的了。

我们知道，一个人要想得到别人的尊重，首先就要尊重对方。这一规则在成人之间运行，没有任何障碍，可是在大人与孩子之间，它往往被束之高阁。一般来说，大人与孩子之间的矛盾很多都是由于父母过于随便的许诺造成的。在现实生活中，有不少这样的父母，他们在提出建议时往往会表现得过于慷慨，可到头来却又不能兑现，最终导致孩子的不满。实际上，这样做既不尊重孩子，也不能得到孩子的尊重。

维尼芙雷特的父亲总是很忙，很少有时间带女儿出去玩。有一天，终于有了一个难得的机会，可以在周末和女儿一起待上一整天。于是，他在头一天就兴冲冲地对女儿说："明天爸爸有时间，你想到什么地方去玩，我都可以带你去。"

"哦，真的吗？太棒了！"维尼芙雷特兴奋地喊道，"我想到郊外去搞一次野炊。"

这时，她的父亲却感到有些为难："嗯，这恐怕不行，那太耽误时间了，因为晚上我还要和别人一起吃饭，可能来不及赶回来。"

"那么，我们就去看儿童剧。"女儿又提出了一个建议。

"可是，那种地方太吵了，爸爸整天忙这忙那的，想安静一下，你再想想别的地方。"

"随你便吧。"女儿顿时变得无精打采了。

"唉，这是陪你出去玩，你怎么会这么没有精神？"

"我说了，随你的便。"女儿看上去几乎有些不耐烦了。

后来，我就这件事和丈夫谈了很久，劝他以后不要随便向女儿许诺。从那以后，每当维尼芙雷特提出这类建议时，我和丈夫都要做一些限制，提出几个具体的游玩地点，供她挑选，或者规定一下行动范围，而不是先使女儿有过高的期望，然后又让她大失所望。我们尽量做到不让女儿天真的脸上出现失望的表情。

我认为，如果父母说话不算数，孩子就会失去对父母的信任感。试想，孩子怎么可能尊重一个不值得信任的人呢？要知道，我们面对的不是一个可以随便摆布的玩具，而是一个活生生的有着复杂感情的人。

激发孩子探索世界的勇气

　　有一段时间，我和丈夫的工作都很忙，没有时间来照顾维尼芙雷特，就把她送到她祖母家里。在那里，她差不多度过了半年多的时光。祖母对小孙女非常疼爱，为了让小维尼芙雷特过得开心，祖母为她布置了一个安全又有趣的房间，专门作为她的娱乐室。在那个房间里，不仅地上铺满了厚厚的地毯，连墙根也摆放了柔软的垫子，地上的玩具也都是干净而安全的布娃娃之类的东西。刚开始的时候，维尼芙雷特非常喜欢这个属于自己的小空间，在这里尽情地玩耍，似乎忘记了外面的世界。但是时间一长，慈爱的祖母逐渐发现，孙女慢慢对这里失去了兴趣，有时还会表现出烦躁不安的情绪。

　　由于整天待在那个房间里，维尼芙雷特感到非常无聊，总想着到外面的房间去玩。于是，她便开始趁祖母不注意，溜出去玩。刚开始的时候，祖母只要发现她在外面，就把她抱回那个房间，但祖母总是有很多事情要处理，并且每次把她抱回去之后她都会闹情绪，于是渐渐就由着她到处跑了。结果到后来，那个专门为维尼芙雷特设置的娱乐室成了休息室，她很少再到里面玩，只是偶尔进去休息一下。她的大部分时间都在其他的房间里钻进钻出，还常常跑到屋外去。

有一天，维尼芙雷特悄悄溜进了厨房，并突然对一把小刀产生了兴趣，就拿起来玩。没想到她的这一举动被祖母发现了，祖母顿时紧张起来，赶紧冲上去夺下了她手中的刀子，并大声说："我的天哪！你怎么可以动这个，这太危险了！"显然，祖母激动的神情把维尼芙雷特给吓着了：她怔怔地看着祖母把刀子放在高高的柜子上面，她觉得自己犯了天大的错误。

然而，等维尼芙雷特从一时的惊吓中恢复过来之后，就开始对祖母的做法不满起来。祖母越是不准她玩，她就越是不顾一切地冲过去拿那把刀子。后来，尽管祖母严加防范，但还是发生了事故。

有一次，维尼芙雷特看到祖母正在用那把刀子削水果，便跑过去抢，结果在和祖母抢夺的时候割伤了手指。维尼芙雷特的行为让祖母极为气愤，她实在拿这个小孙女没有办法，便不顾孙女的哭闹，用强迫的办法把她关进了那间娱乐室。然而，从那之后，维尼芙雷特不仅没有变得老实起来，甚至还故意毁坏其他的东西。

起初，祖母以为孙女的胆子越来越大了，但后来才渐渐发现，维尼芙雷特除了在娱乐室里"放肆"之外，再也不敢去碰别的不熟悉的东西了。

后来，维尼芙雷特的祖母对我说："不让小维尼芙雷特走出娱乐室玩，她就会没精打采的；可让她出去吧，又会弄坏家里的东西，还会伤害自己。自从那天把手割破之后，她又变得过于胆小了，唉，我真不知道拿她怎么办才好！"

在养育孩子的过程中，这的确是一个难题。许多父母都不想阻止孩子用自己的双手去探索这个世界，都希望培养和满足他们的好奇心，谁也不想由于阻止孩子们探索而使他们对外面的世界产生恐惧心理，但与此同时，父母们又很担心孩子会不小心弄伤自己或毁坏东西。要知道，对于孩子那稚嫩的身体来说，一次小小的磕碰就有可能造成永久的伤痕，留下终身的遗憾。在我们的生活中，不是有很多这样的例子吗？那么，作为父母，我们究竟应该怎么办呢？

我认为，要想解决这个问题也并不是那么困难。根据我的经验，告诉孩子有的东西不可以碰，而且某些东西绝对不能碰是很重要的。不过，在进行这番告诫之前，我们必须先控制好自己的情绪，不能表现得过于紧张，仿佛大祸临头似的。否则，这样会使孩子感到恐怖，既受到惊吓又对外面的世界产生畏惧心理，使他们对未来没有安全感。要知道，孩子在内心中一旦有了这种恐怖的阴影，就会什么也不敢动，并渐渐失去一个人最宝贵的东西——自信心。

后来，我的工作终于告一段落，维尼芙雷特又回到了我的身边，在我的引导下，她渐渐恢复了探索世界的勇气。有一次，她又去玩小刀子。我尽量用平静的语气对她说："这不是你玩的东西，你应该到那边去玩。刀子可不是玩具，不适合小孩子玩。"她看上去虽然也不是很乐意，但也没有过于反抗。

之后，每当女儿到厨房看我做菜，我总会不时地提醒她说："你可以在这儿玩，也可以学妈妈做菜，但是有些东西你不可以动，如果你动了，我就只好让你到外面去。"这样重复多次以后，女儿就慢慢知道为什么有些东西不能碰了。我想，我的方法最终还是取得了成效。试想，如果在那种情况下，我用严厉、愤怒的态度来禁止维尼芙雷特去动某件东西，就会激起她的逆反心理，还会使她产生更强烈的好奇心，从而导致我们不想看到的结果。

一般来说，维尼芙雷特玩的东西，只要对她没有伤害，我从不阻止她玩，因为把孩子限制在狭小的空间里，非常不利于他们的自信心和勇气的形成。

许多父母可能都会发现，孩子一般都喜欢模仿大人的举止，有时还喜欢拆卸东西。我认为，这是他们成长过程中很重要的一个环节，这可以帮助他们了解这个世界，激起他们的好奇心与想象力。

有一次，维尼芙雷特走进我的书房，很长时间都没有出来。于是，我走进去看她在做什么，一进门我就大吃一惊，我发现自己的文件夹、手稿和卡片撒落一地，女儿正在玩一个漂亮的文件夹。

当时，我感到天旋地转，觉得自己都快要怒吼了，但是，我想到以前并没有规定维尼芙雷特不许玩文件夹，她对于自己的错误并没有清楚的认识，在她的眼里，这也许并不是一种错误，于是我便竭力控制住了自己。

我对女儿说："你不应该玩这些东西，这都是妈妈工作用的。"

女儿不解地问："为什么不能玩呢？我觉得这些东西好玩，我想知道它们是做什么用的。"

为了满足女儿的好奇心和求知欲，我详细介绍了这些东西的用途，并另外给了她几个文件夹，对她说："这样吧，我分一些卡片和文件夹给你，在你的房间里也放一个书架，你玩你的，别用妈妈的，好吗？"我对女儿说。

"好啊！"女儿高兴地回答。

在那以后的很长一段时间里，维尼芙雷特都在自己的房间里摆弄那些文件夹和卡片，一副专心工作的架势。

由于女儿喜欢模仿我的一些行为，所以我就尽力为她创造一个可以模仿大人的环境，这样一来，既满足了她的好奇心，也可以防止她去动大人的物品。我想，这种教育的方式，或许可以解决一些父母的烦恼吧。

其实，对于孩子的好奇心，最关键的一个词就是"引导"，而不是"批评"。比如，由于打字机帮维尼芙雷特学会了拼写，所以她一直对这台机器充满好奇，总想弄清它的工作原理。在她的要求下，有一次她父亲还专门把打字机拆下来，仔细给她讲解内部的结构。尽管非常麻烦，但为了帮助女儿养成喜欢钻研的好习惯，我认为还是非常值得的。

必须让孩子学会"等一等"

我认为，一个人的耐心不是与生俱来的，而是经过后天培养的。当孩子还处在襁褓之中的时候，他的哭声就好像是命令，没有哪位父母会去违抗，他们总是以最快的速度把奶瓶递过去。事实上，父母用这种方法对待孩子是不妥当的，因为如果不去找出孩子哭闹的根本原因，而只是简单地用吃来解决所有的问题，这种做法仅仅是满足孩子的生理需要，却无法培养孩子的耐心。

当维尼芙雷特还是个婴儿的时候，我就开始有意识地培养她的耐心。一听到她的啼哭，我就知道她一定是饿了，但我不会立刻喂她东西吃，而是让她哭一会儿再喂，我认为，这样可以培养她的耐心。

事实上，那些很小的孩子需要父母的帮助，他们迫不及待的心情是可以理解的，而且孩子以啼哭来表达想吃东西的愿望，也是很正常的。不过，当孩子逐渐长大尤其是当他们学会用语言表达自己的要求之后，父母就应该有意识地培养他们的耐性。也就是说，必须要让孩子学会等待，学会在适当的时候做某件事，学会如何与他人协调。从小培养孩子这样的性格，对他们将来是很有帮助的。

在养育维尼芙雷特的过程中，我经常发现她没有耐心。很多时候，她只要想到或听到了什么就必须要立刻去实现，否则就会纠缠不休，直到我不耐烦了，不得不满足她的要求或做出让步为止。为了帮女儿纠正这个坏习惯，我可以说是想尽了办法。

有一次，我在厨房里烤面包，女儿闻到了香味，就跑了进来。

"妈妈，妈妈，我要吃面包！"

"现在面包还没烤好，还需要再烤5分钟。"

那时候，维尼芙雷已经3岁了，她还是那样没有耐心："我不要等，现在就要吃。"

"维尼芙雷特，面包没烤好怎么吃？你要是饿了，就先去吃点糖果吧。"

"不嘛，我就要吃面包。"我了解女儿此刻的心情，知道她等不及了。但为了让她明白什么是等待，我索性把她带到厨房外面，不再理她了。

5分钟之后，维尼芙雷特又跑进厨房，急不可耐地对我说："妈妈，5分钟到了，快给我面包吃。"

此时，面包的确已经烤好了，但为了培养女儿的耐心，我并没有马上给她，而是让她再安静地等一等。

"再等等，面包是烤好了，但它现在还很烫，你还不能吃。"我耐心地对女儿说。

"不，我不怕烫，我现在就要。"女儿终于忍不住，大吵大闹了起来。

"维尼芙雷特，你得学会'等一等'，如果你再这样胡闹，我就不给你吃面包了。"

　　女儿很生气，猛地冲出厨房，跑到自己的房间里，痛哭了起来。过了一会儿，我把烤好的面包放到餐桌上，对着她的房间喊道："哦，面包真香啊，现在可以吃了。"女儿没反应，我知道她还在生气。不过，我没有理她，而是继续做别的事。又过了一会儿，我发现她悄悄从房间里走了出来，坐到餐桌前吃面包。

　　我走过去对她说："维尼芙雷特，你要知道，做什么事情都不能太着急，必须要等待一定的时间。刚才时间没到，所以你不能吃面包，现在我让你吃，是因为时间到了。要记住，无论做任何事情，都要等到它可以做的时候才能做，这样才能把事情做好。"

　　维尼芙雷特吃着面包，对我的话没有做出任何回应，但是我知道，她已经把这些话记住了。因为在后来的生活中，我发现她变得越来越有耐心了。

　　我认为，等待是人生中必不可少的，失望也是不可避免的。我之所以要培养女儿的耐心，就是因为我明白，孩子有太多的要求，如果她的每一个要求我都去满足，就算是我变成她的奴隶忙得焦头烂额，也无法满足其中的一半。我觉得，让女儿明白这个世界不是以他们为中心的，这一点非常重要。因为，每个人都有自己的要求，就算是父母再爱孩子，也不能让孩子以为自己的要求是应该首先被考虑到的。我希望女儿能够明白这个道理，这对她将来的成长会大有好处。

　　当然，要想训练孩子的耐心，父母自己首先得有耐心，这一点是非常关键的。在生活中，有许多父母教育孩子时自己缺乏耐心，其结果也就可想而知了。因此，当孩子用不停地哭闹来迫使父母满足他的要求时，父母一定要沉得住气，不断提醒自己此时正在训练孩子，只有自己有耐心，才能把孩子培养成有耐心的人。

在维尼芙雷特的成长过程中，常常会有这样的事：我正在工作的时候，她要求我带她出去玩。

有一次，女儿对我说："妈妈，我想到公园里去玩。"

当时，我正在写一篇论文，于是就对她说："等一会儿，妈妈把这篇论文写完后再去，好吗？"

"不，我现在就要去。"女儿显得非常固执。

"维尼芙雷特，这是一篇很重要的论文，所以妈妈必须要把它写完，你先玩一会儿玩具，过一会儿我一定带你去。"我解释道。

大约15分钟之后，女儿又来催我："妈妈，还要多久？"

当我告诉她还要再等一等时，她一句话也不说就走了出去。

我写完论文之后，就去叫维尼芙雷特："我的工作完成了，我们走吧，妈妈带你去公园玩。"

"不，先等一会儿，我把这本书看完再走。"维尼芙雷特学着我的口气说。

由于论文终于写完了，我也想放松一下，因此很想出去走走，可这时女儿却偏偏摆起架子来了。无奈之下，我只好坐在客厅的椅子上等她。等女儿看完书之后，我们才一起出门。

有很多父母，总是习惯让孩子等自己，而自己却不愿意等孩子，每当要出门的时候，总是不停地催促"快一点""怎么总是这么慢"。我想，这很可能会让孩子觉得他没有得到父母的尊重，因而不仅不会对孩子起到良好的教育作用，还会引起他们的反感。在此之外，还有可能让孩子养成无论什么时候都急匆匆的习惯，办事总是慌慌张张，没有什么章法，结果全把时间给耽误了，事情也没有办好。

我认为，在许多事情上都要依赖父母的孩子，往往会没有安全感，其实任何人都希望控制自己的生活，所以一定要鼓励孩子们恰当运用自己的控制力，而不是对父母言听计从，自己什么主意也没有。事实上，也许当你的孩子在说"等一等"的时候，可能就是他在有意要表明自己的权利。因此，当父母遇到这种情况的时候，不妨对孩子宽容一些。大多数时候，孩子此时的确正在做自己感兴趣的事，这时生硬地打断他们，是很不恰当的。所以，在培养孩子的耐心时，父母的耐心是非常重要的。

多为孩子留出一点儿时间

在很多情况下，正是由于父母没有给孩子应有的控制权，才最终导致了父母同孩子的一些争执。作为父母，你应当反思一下，你有没有在不经意中让孩子成为自己的随从，比如，你要出门了，而孩子还没有穿上鞋子，你会不会不停地在旁边催促孩子"快点、快点"；或者大家都吃过晚饭了，只有孩子还在餐桌上"磨蹭"，你有没有在一旁用不耐烦的口气对他说"怎么每次都剩下你""你能不能吃快一点啊"之类的话？如果有，那么你有没有认真去考虑孩子的感受？

在我们看来，父母总是非常匆忙的，因为成年人总是有事情要办，要赶时间。另一边却认为对于小孩子来说，时间似乎并不意味着什么，所以总是习惯性地在他们身后不停地催促着。然而，父母的催促常常使孩子感到自己的自由被侵犯了，就像自己在被逼迫着做一件事一样。结果，在大多数情况下，这种被逼迫的感觉不但不会使孩子快一些，反而会让他们产生逆反心理，有意拖延时间，以表明自己有控制局势的能力。

根据我的经验，给孩子足够的准备时间，反而更会使他们加快做某件事的速度。这是因为，孩子在父母的宽容下，往往会对自己严格起来。他们会觉得，自己拥有掌控自己的能力，可以按照自己的意志来行事，而不仅仅是父母的"小跟班"，在父母的命令逼迫之下去做事。也就是说，父母把他们当作"大人"来看待，对他们表示了尊重，做出了一定的让步，那么他们自己也会尊重自己，对父母做出一定程度的让步。这样一来，矛盾就会顺利化解了。

　　在维尼芙雷特的成长过程中，无论是开始学习还是要出门，我都会给她足够的时间做准备。这不单是具体的时间，更重要的是在精神上有了准备，让她意识到目前的活动需要告一段落，下面要做另外一件事了。有了这种心理上的准备，女儿对于我的安排，往往很容易就会接受。

　　有一次，维尼芙雷特在家门前和邻居家的孩子做游戏，玩得非常投入。但是，那天我和女儿之前已经约好要去姑妈家，于是我在准备就绪后就去招呼她："维尼芙雷特，我们该走了。"

　　"去哪里啊？我不想去。"女儿头也不回地说道。

　　"昨天不是和你说好了，今天去姑妈家吗？"

　　"知道了，但我想再玩一会儿。"

　　"还要再玩多久？"我问女儿。

　　"我不知道。"维尼芙雷特说完又继续做游戏，完全不理会我了。

　　我在旁边等了一会儿，看女儿毫无停下来的意思，便又对她说："维尼芙雷特，我们要走了，不能再等了，否则到你姑妈家就太晚了。"

"再玩一会儿。"女儿仍然这样说。

"不行，现在就走。"我冲过去，拉着她的手，想要把她强行带走。

这时，维尼芙雷特大声哭了起来，脚一直拖在地上，邻居家的孩子也被我的"粗暴"行为吓得呆住了。我突然意识到，自己的做法极为不妥，可能是因为我当时太着急，担心耽误了时间，所以在不自觉中采用了和我平时相反的做法。由于女儿都已经哭了，我在自责和内疚中不得不改变自己的态度，让她再玩一会儿。

我对维尼芙雷特说："那好吧，你再多玩 20 分钟好吗？"

"好的。"女儿破涕为笑，又投入游戏之中。

这时候，我不停地看着表，在一旁耐心地等她。

很快，10 分钟过去了。

"维尼芙雷特，再过 10 分钟我们出发，知道吗？"

"知道了。"女儿回答道。

又过了 10 分钟，我对女儿说："维尼芙雷特，现在时间到了。"

"妈妈，我再玩 5 分钟好吗？"

"不行，我们是约定好的，好孩子都是要遵守约定的。"

"那好吧。"女儿再也没有多玩一会儿的理由，于是就乖乖地和我一起出发了。

实际上，去姑妈家玩是维尼芙雷特自己提出的要求，但她在玩耍中忘掉了这件事，只觉得现在玩得很好，不愿中断目前的游戏。前一天，我确实对她说了这个计划，但现在已经过了一天，女儿已经将这件事淡忘了，突然提出要求，特别又在她玩得正高兴的时候，她自然不会愿意合作。后来，我多给了她20分钟的游戏时间，并不时地提醒她，使她有了足够的精神准备，所以当最后的时刻来临时，她能果断地结束自己的活动，参与到我和她事先约定好的行动中来。

从我的经验来看，小维尼芙雷特常常提出的诸如"再让我多玩一会儿"之类的小小要求，这主要是为了满足自己的权力欲，希望能够控制自己的行为，而并不仅仅是为了贪玩。在面对这种情况时，我总会给她一点小小的满足："好，再玩5分钟。"一般来说，我常常给维尼芙雷特多出5分钟，而有时她还会讨价还价，她会说："不，3分钟。"由于她还太小，不知道3分钟比5分钟要短，我当然更乐于满足她的要求喽。

◇ 帮助孩子调整情绪 ◇

让女儿"暂停"一下，并不是想让她在痛苦中学到什么，而是为了使她摆脱暴躁，重新获得平静，忘掉自己的无理要求。因此，假如女儿在"暂停"的时间里发现了什么好玩的东西或游戏，只要没有危害，我就会让她高高兴兴地玩一会儿。

高情商家教思维

1. 父母如何呵护孩子的自尊心？

_____

_____

2. 如何把孩子从失控的情绪中引导出来？

_____

_____

3. 如何让孩子学会相互尊重？

_____

_____

4. 对于孩子探索未知的世界一事，你一直持什么样的态度？是站
   在谁的角度考虑这些？

_____

_____

_____

5. 如何让孩子学会控制自己？学会"等一会儿"？

_____

_____

_____

6. 让孩子有耐心的前提是父母首先得有耐心，总结一下这方面的
   得失。

_____

_____

_____

让孩子学做一个幸福的人

敢于追求幸福才会幸福

————

　　戴维是维尼芙雷特儿时的一个小伙伴，他的母亲是一位职业妇女。可以说，戴维的母亲是一个勤奋工作的人，也是一位称职的母亲。

　　在工作岗位上，她非常认真地履行自己的职责，而等她一回到家里，马上又变成了好妻子和好妈妈，做家务、督促孩子学习，即使带孩子到公园去玩，也会想到如何利用这个机会向孩子灌输自然知识，或与孩子进行一番有关人生理想之类的谈话。如果孩子不在身边，她就计划着做家务、购物和理财。总之，她每天的生活就像绷着的弦一样，结果不仅她自己不能放松，弄得别人也都跟着紧张。有时候，丈夫会劝她放松一点，可是她居然还很有道理地争论。

　　"你说得简单，可是我怎么放松？家里有这么多事要做，孩子一天天在长大，最好的学习时机一过就再也找不回来了，我不能做一个失职的母亲。"她时常这样说。

　　在母亲的督促下，戴维学习得确实很刻苦，并且也时时想着自己的职责。不过，他总是觉得特别累，渴望能有机会抛开一切顾虑，痛痛快快地玩耍。可是母亲总是阻止他去这样做，每次当他准备要去玩的时候，母亲就会给他讲一大堆贪玩的坏处，讲做人要有远大的理想，要在小的时候为自己的成功打好基础，不能因为一时的贪玩而毁了自己一生的前途。结果，戴维在小的时候还能听从母亲的吩咐，但随着自己逐渐长大，他的内心越来越难以获得平静，从而变得烦躁不安起来，时常为了学习和玩耍的事与母亲发生争执，于是一家人经常因此而陷入不愉快的气氛中。

我认为，无论孩子将来成为什么样的人，从事什么职业，最重要的是她能够快乐、幸福地度过一生。因此，虽然我对维尼芙雷特满怀期望，但我最在乎、最希望的还是女儿能够一生幸福。

那么，究竟如何才能让孩子成为一个幸福的人呢？我觉得，做一个幸福的人有很多条件，但其中最重要的一条就是必须敢于追求快乐和幸福。也许有人会问：难道还有人不懂得或是不敢于追求幸福和快乐吗？我想，在生活中能够回答这一问题的人没有几个。事实上，追求幸福不是每个人都会的，而是很多人都不会，尤其在这个竞争激烈的社会中，很多人已经丧失了这种最初追求幸福生活的能力。比如，我在前面所提到的戴维的母亲，她虽然很努力地去工作、去生活，但我觉得她就是一个不幸福的人，而且也是一个不懂得追求幸福的人。

"我知道如果我做了这件事，就会感到很快乐，这件事并不难，但我就是无法去做，因为我有太多的顾虑。"我们不是常常听到这样的话吗？当我们坐在窗前对窗外的蓝天悠然神往，脑海里浮现出小时候的情景，或者想到去郊外游玩，或者什么都不想，内心很平静并且特别愉快时，脑海中突然会有一个声音响起：该去读书了，该去工作了……不要浪费宝贵的时间。每当脑海中的这个声音响起，就会打破我们内心的平静，顿时幸福的感觉消失得无影无踪，慢慢地我们开始麻木了，就好像幸福从来都没有存在过。

尽管责任心是一个成熟的人必备的素质，而奋发图强的精神更是一个人通往成功不可缺少的条件。但是，我们不能完全排斥轻松的享受和本能的需要，让责任心和勤奋的精神占满自己的整个生活。要知道，缺少放松和享受的人生是非常可怕的，这样只能使人像没上油的机器一样，在无休止地运转中损耗，直到崩溃。我想，这样的人生是不幸的人生，拥有这样人生的人是世界上最不幸的人。

我们的周围，有很多人在生活和工作的忙碌中忘记了生活的初衷是寻找快乐，他们就像一台不停运转的机器，对生活已经麻木。这样的生活没有任何激情和欢乐，所以也就根本谈不上幸福和快乐。而人一旦失去了快乐，生命也就完全失去了意义。

有一位著名的心理学家曾经得出这样的结论：人的个性就像树的年轮，是一圈一圈地发展的。婴儿的一圈代表爱与享受；童年的一圈代表创作与幻想；少年的一圈是玩耍与喧闹；青年的一圈是爱情与探索；而成年人的一圈则象征着现实与责任。如果有任何一圈未完成，这个人的个性就会受到损害，不会有一个圆满的结局。

我认为，一个不懂得享受生活的人，绝对不会是一个幸福的人。如果一个孩子自小就被剥夺了纯真的愿望，也就相当于剥夺了享受生活的权利，这样就会在他的个性中产生难以弥合的裂痕，而这种影响对他以后的生活来说无疑是一种难以磨灭的阴影。事实上，很多父母都知道为孩子的未来着想，因而往往着眼于孩子的成就，却忘记了最重要的一面，那就是孩子的幸福。一个完全丧失了童趣的人，长大后会是一个非常乏味的人，无论他在事业上取得了什么样的成就，他的整个人生都很难获得真正的快乐。

事实上，如果一个人的心灵完全被理智、目标和责任占领，当他有一天在事业上获得了巨大的成功，需要寻找别的精神慰藉时，就会不知从哪里开始，只好不断地寻求各种刺激，从中寻找情感上的平衡。难道，这样的人生不是非常可悲的吗？作为父母，我们希望自己的孩子走上这样的道路吗？我想，没有做父母的会希望孩子不幸福，只是我们在为孩子营造幸福的道路上选错了方向。

自从维尼芙雷特来到这个世界上，我就时常想，虽然我不能完全肯定自己能给孩子幸福，但我相信我能够教她对幸福的正确认识，还有追求幸福的信心和能力。这也是我最想做到的。因此，从一开始，我就引导维尼芙雷特在做任何事时都要保持平和而乐观的心态，即便她将来选择了探险活动来作为一种精神上的享受，也是出于一种平衡的心理愿望，出于一颗对生活有着丰富感受的心。

当维尼芙雷特5岁时，有一天，我发现她时而挠挠头、时而踢踢腿，很不安地坐在书桌旁，显得非常焦虑，没有像平时那样完全集中注意力地学习。

我赶紧走过去问她："维尼芙雷特，你怎么啦？是哪儿不舒服吗？"

她紧闭着嘴，没有说话，仍然是一副很着急的样子。

"怎么啦？维尼芙雷特，告诉妈妈好吗？"

"这道数学题太难了，我总是做不出来，都快烦死我了。"女儿不愉快地说。

"那么，休息一会儿再做吧。"

"不，我一定要把它做出来。"

维尼芙雷特好胜心强，遇到困难时总要在解决之后才肯停下来，但今天这道题好像确实太难了，她已经有点沉不住气了。

"没关系，也许是题太难了，不要勉强自己。"我摸着孩子的头，疼爱地说。

"妈妈，你不是总说遇到困难不能害怕吗？为什么今天会劝我放弃呢？"女儿抬起头眨着眼睛问我。

"没错，不怕困难是好事，但更重要的是不能太为难自己。"

"可是我不明白。"孩子不解地说。

"这道题你做不出来，也许是因为它太难了，也许是你今天状态不好，不如先休息一会儿，也许过一会儿就能做出来了。"

"但是……这道题我要是做不出来，不就说明我太笨了吗？这样会让我很不舒服的。"

"不，维尼芙雷特，光凭一道数学题并不能说明你是聪明还是笨，要证明一个人的能力，必须从多方面去看。你也不必为这件事难过，因为它只是你生活中很小的一部分，远远不是你生活的全部。"

"为什么呢？"

"因为除了数学，你还拥有很多东西。比如，你还有音乐和绘画，还有你的朋友们，还有妈妈……妈妈希望你聪明，但更希望你做一个快乐的人，学习虽然很重要，但是假如数学题让你感到痛苦，我宁愿让你做点别的。"

　　经过我的耐心开导，维尼芙雷特终于停了下来，她去弹了一会儿琴，又到外面去散了散步。当她吃完晚饭再去解那道题时，居然很轻松地就做出来了。

　　后来，维尼芙雷特满脸喜色地告诉我："一开始，我就下定决心无论如何也要把那道难题解决掉，不然就会让小朋友们看不起，这样一来心里就特别紧张，结果就越想越糊涂，没有任何思路了。后来，出去玩了一会儿之后，我想做不出来就算了，反正一道题也不能说明什么，没想到一下子就想出了解题的方法。"

　　我为女儿的收获感到高兴。我想，她不仅仅是最终把题目解开了，更重要的是她明白了，很多时候并不需要一条道走到黑，放一放可能会让自己更快乐，因而也会更幸福。

　　事实上，在我们周围有很多这样的人，他们只知道工作而忽略了生活中的快乐。在我看来，光会工作的人不仅得不到快乐，就连工作也做不好，尽管他们还不停地把工作标榜为快乐的事，但看看他们脸上的倦色就一目了然了。相反，那些懂得在生活中寻找快乐的人往往既能把工作做得更好，又能从工作中找到快乐。

接受失望，迎接希望

在我的家庭里，我们从来不认为自己做过的任何事情是失败的。我们最关心的是通过自己所做过的事情得到了什么样的经验？学到了什么知识？人生中有很多令人失望的事情，为了让维尼芙雷特能够在将来拥有幸福的人生，我从小就有意识地让她学会能够接受失望、迎接希望，勇敢地面对未来。我告诉她，对于人生中那些失望的事情，我们没有必要驻足停留，否则就可能错过迎面而来的希望。我们必须在内心中接受它、包容它，并且把它所产生的经验留存心中，下次再遇到类似的情况，问题便会迎刃而解。

有一次，维尼芙雷特要去参加一个朗读比赛，由于时间仓促，在比赛的当天她还没有把文章背熟，于是我们决定提前到达赛场，在那里温习几遍。那个时候，维尼芙雷特已经自己掌管自己的东西了，但在临走之前，我还是提醒她把文章带上。可能是太紧张了，我发现她最后还是给忘了。这时候，我并没有再纠正她，而是悄悄地把文章放进了自己的包里。

到了会场之后，维尼芙雷特脸色很难看地告诉我："妈妈，我把它忘记了。"

"把什么忘记了，亲爱的？"

"文章！我要朗读的文章！"

"我不是提醒过你了吗？为什么还是忘记了？"

"我也不知道，我记得放进背包了，但不知道为什么现在却找不到了。"

"维尼芙雷特，你要记住，无论什么时候都不能让自己慌乱，越是在紧急的时候越要镇静，明白吗？这样才不会出差错。"

"我知道了，妈妈，可现在怎么办呢？"

"没有关系，我帮你带来了。"

说着，我把文章从自己的包里拿了出来。女儿一下子就高兴起来，并过来亲吻了我。

我认为，作为父母，不必害怕孩子犯错误，而应把孩子的错误当成一种教育的方法，尽量教会他们从错误中吸取经验教训。与此同时，还要教会孩子如何面对失望、接受失望，不要被失望所击倒。

事实上，一些父母在大多数情况下都低估了孩子的承受力。他们会认为自己的孩子太柔弱了，根本无法面对现实。这种态度将会使孩子形成对自己的错误认识。孩子会认为，自己没有能力承受一切。反之，如果做父母的能够平静地对待孩子失望的现实，对孩子施加好的影响，会使他们能够更容易地接受失望，迎接希望。这样，孩子在将来的成长中才会真正体会到生活的快乐而不会只看到失望和不幸的一面。在对维尼芙雷特的早期教育中，我把培养她敢于接受生活中的失望及失败的勇气放在很重要的位置。我尽力让她做到不依赖别人，不渴求别人的怜悯，因为这一点对她将来能否成为一个幸福的人极为重要。

让女儿正确认识财富与幸福

通常意义上的"财富"，是指金钱。很多事物对成人来说已经习以为常，但是在孩子看来，却是非常神奇的东西，财富就是如此。我们知道财富要靠劳动获得，但是在孩子眼里，金钱是可以帮他们买到玩具、零食，可以让他们在游乐园尽情狂欢，也可以让他们享受很好生活的东西。孩子往往认为，父母的金钱就像蘑菇，取走后会长出新的，这样的误解让孩子不懂得感恩，也不知道节俭。失去感恩和节俭意识的人会失去很多快乐。

让孩子明白财富与幸福的关系，对父母来说不是一件轻松的事情，很多成年人自己也没有找到财富与幸福的平衡点。因此，父母在对孩子进行幸福教育之前，应给自己补上一课。

有人将财富比成万恶之源，也有人视财富为毕生的目标。其实，财富终究只是一种介质，我们通过它换回自己想要的东西，在这个过程中，我们体会到幸福。财富与幸福之间未必呈正比，更多财富并没有带来更多幸福。

我们大多数人追求的幸福，实际上是相对的。也就是说，只有在自己比他人得到更多时，我们才会有更多的幸福感。生活在城市的人与生活在乡村的人，平均收入会有较大的差距，但拥有幸福感的人群比例，却不会有什么差距。我们常问自己"我的房子是不是比邻居的更漂亮"而不是"我的房子是不是够用"。也就是说，我们的幸福与财富多少没有直接的关系，而是与周围环境的差距有关。因此，作为父母要教育孩子，只要自己的生活是快乐的，那么你就是幸福的，不要有攀比的心理，把原有的幸福变成不幸。

人们对待财富往往不能心平气和，所幸财富也不是快乐的唯一源泉。在财富满足基本生活所需之后，它对生活的乐趣没有多少真正的影响。与朋友或家人聊天、听音乐、帮助他人等都对幸福有较大的影响。那些能让人感到幸福，比如爱、朋友、家庭、尊重、对生命价值的信念等，都不是金钱可以买到的。

那么，究竟怎样才能让孩子做一个幸福快乐的人呢？事实上，友好、感激和爱更能带来快乐，因为付出让人感到自身对他人的价值，会极大地提升幸福感。那么，我们就要把这种理念传输给孩子，让他们真正地理解美好的情感对一个人自身幸福的重要性。

在对幸福和财富的关系做了如此大量的充电工作之后，父母不妨再想想自己的生活经验，我快乐吗？最快乐的时候是怎样的情况？相信很多人会想到和家人在一起的快乐时光，得到别人的肯定以后的激动和欢欣，看到孩子小小进步时的宽慰和惊喜……既然如此，孩子的困惑也就能顺利解开了，因为生命中的幸福已在你心中，幸福就是选择好自己的心态，怀着感恩的心面对人生，人生也会回报给你一份幸福与快乐。

总之，幸福在创造财富的尽头，幸福也在过程之中。孩子的成长会有许多问题相伴，家庭也有诸多矛盾需要调和，但这也是幸福的一种。很多时候，我们看到的总是别人的幸福风景，"不识庐山真面目，只缘身在此山中"。作为家长，请试着将你对幸福的理解告诉孩子，你将收获更多的幸福，你的孩子也会和你一样，在幸福中度过一生。

我告诉女儿，没有永远的失败

　　我的同事柯斯高特先生是一个才华横溢，在事业上颇有建树的语言学家，因此他对儿子的要求非常之高，总是希望儿子和自己一样，能够有一番作为。尽管儿子只有 5 岁，但柯斯高特先生却时常对他提出很高的要求，一旦未达到自己的要求，批评就会随之而来。虽然这种批评通常并不是那么严厉，却非常伤孩子的自尊。渐渐地，他的儿子变得非常沮丧，每当父亲说他有什么事情做得不对，或应该做得更好的时候，他都会阴沉着脸，说自己是个蠢货，蠢得简直不可救药，从来没有做对过任何事情。

　　"这个 5 岁的孩子常常会低着头站在那里，眼睛盯着自己的脚，一副垂头丧气的样子，看上去简直是世界上最失败的孩子。"有一次柯斯高特先生向我描述他在教育孩子方面所遇到的问题，并且请教我的意见。

　　于是，我便问柯斯高特先生，每当孩子这样的时候他会怎么做，他告诉我说："我总是对他说，亲爱的，你知道，你自己并不笨，更不蠢，爸爸妈妈都很喜欢你，你是个好孩子。"

我想，大多数父母面对这样的情况，都会说出类似的话来吧。但是我认为，柯斯高特先生说的这番话，虽然是出于对孩子的爱，但对这个孩子来说，没有比这些话更糟糕的了。因为这些话对孩子起不了任何好的作用。事实上，孩子在说那种"我是笨蛋"之类的话时，往往是希望得到父母的鼓励。因此，柯斯高特先生应该这样说："你这样看待自己，我很难过，其实我根本就没有觉得你是个笨孩子。"

　　毫无疑问，这个 5 岁的孩子最大的问题就在于丧失了自信心，父母能够帮助他的唯一办法就是鼓励，而不是安慰。遇到这种情况的时候，父母可以定一些孩子能够实现的目标让他去做，而当他成功时，也不要一下子给他太多的赞扬，或者说他有多么伟大之类的话。这种话往往会让孩子感觉你是在敷衍他，或者同情他。相反，你应该告诉他："这样做就对了，你是不是慢慢觉得自己能够独立做一些事了？我想你现在一定很高兴。看来，只要肯做出努力，还是非常有用的。"这样的话对孩子来说是有很大鼓舞作用的。

　　在家里，我丈夫有一个专门的工作间，用来做一些他认为有意义的研究工作。有一天，丈夫来到工作间里，看到地上一片狼藉，散落着很多东西。他知道，这一定是维尼芙雷特干的，气便不打一处来，就想着立即跑到女儿面前，狠狠地训斥她一顿，告诉她这种行为是非常错误的。然而，在这个时候，他突然想起了我们在女儿教育问题上的那些讨论，在女儿面前，永远不能让自己情绪失控。因此，丈夫虽然心里很生气，但他还是尽力控制住了自己。

丈夫走进女儿的房间，看见她正在那儿摆弄玩具，就很平静地对女儿说："维尼芙雷特，你和我一起到我的工作室去一下，好吗？"

其实，这时候维尼芙雷特已然意识到自己犯了错误，她忐忑不安地跟着父亲来到工作室。父亲和女儿一起看了工作室里凌乱的样子，并对她说："看来，你也很想鼓捣我这些东西，是吗？"

"是的，我觉得你的工作很有意思。"女儿回答说。

"那么，你应该告诉我，让我来教你。为什么把这儿搞得这么乱呢？"

"刚才妈妈在叫我，我就跑回了我的房间。后来，就把这事儿给忘了。还有，我用了这些东西之后，也不知道怎样把它们放好。"

"原来是这样啊，那么以后你想到这里来，就先跟我说一下，然后你有什么不会的我来教你，好吗？"

我认为，在这件事情上，丈夫处理得非常棒。他不仅指出了女儿的错误，向她提出了好的建议，而且没有伤害她的自尊心，不使她对犯错误心生畏惧，使她敢于犯错误也敢于承认错误，更敢于改正错误，并让她知道，犯错误并不会减少父母对她的爱。事实上，对于维尼芙雷特的错误，我和丈夫一向采取这样的处理方法。

记得在维尼芙雷特6岁的时候，和周边的孩子们一起组织了一次体育比赛。这次比赛，不光有孩子们参加，父母们也要参加。比赛规则是这样的：每个家庭选出3个人来进行接力赛跑，必须包括一个孩子和两个大人。由于我们家一共才3个人，只好全部都上阵了。

在赛跑之前，我们对接力的顺序进行了安排，由维尼芙雷特的父亲开始，其次是我，最后才是女儿。维尼芙雷特的父亲身体非常棒，因此刚开始时我们一路领先，等轮到我跑的时候，对手大部分是些十六七岁的大男孩，我感到有些力不从心，但也没有落后。因此，当我把手中的小旗子交到维尼芙雷特的手中时，我们这个组还是第一名。这时，只听女儿大喊一声"我一定要赢"，便全力向前奔跑，可是由于她太紧张了，眼看要到终点的时候，却不小心摔了一跤。本来我们应该得第一的，结果却在关键时刻输给了别人。

那天，维尼芙雷特非常难过，吃晚饭的时候还在不停地责备自己。她不想吃饭，只顾在那儿伤心地嘀咕："怪我，都怪我……"

这时候，维尼芙雷特的父亲向我递了个眼色，示意我关心一下女儿。于是，我对女儿说："维尼芙雷特，虽然今天是由于你的失误让我们输了比赛，但是我们都没有责怪你。我认为你已经尽力了。你摔倒了，这完全是一个意外。更何况，你的对手全都比你大。所以，虽然我们最终输了，但大家都说你很勇敢，居然敢最后一个跑，要知道，最后一个也是最关键的一个，很多孩子都是不敢最后跑的。"

"但不管怎么说，我还是失败了，我输了。"女儿仍然沮丧地说。

"不，你不应该这样想。输是输了，但你不能失去信心。要知道，失败只是暂时的，你不会永远失败的。我想，有了这次的经验，你在下次比赛时就能做得更好。这样，下一次你就一定能赢。"

　　听我这样说，维尼芙雷特立刻开朗起来，并和我们详细分析了今天失败的原因，说自己不应该那么紧张，如果放松一些的话，可能就不会摔跤了，这样的话我们就赢了。我对她的分析表示认可，并帮她总结，不仅是体育比赛，其实任何时候都要有一个放松的心态，越紧张就越容易失误。

　　我认为，人活在这个世界上，会不断地体验到两件事，那就是成功和失败。做父母的应该想一想，自己对孩子到底有多高的期望，在孩子身上施加了多大的压力。很多孩子在面对竞争的时候发挥失常，其根源往往可以从父母那里找到。因为，如果父母给孩子定的标准和要求太高，并且经常批评、责怪孩子，最终就会让孩子的自信心受到伤害，致使孩子走下坡路。这样一来，孩子就会接连不断地品尝失败的苦果，直到他们的自信心完全崩溃。这样下去，孩子一生的幸福就根本无从谈起了。因此，当孩子遭遇失败的时候，我们应当及时告诉他"没有永远的失败"，帮助他们重新树立信心。

少一些怜悯，多一些鼓励

在我看来，一个依靠别人的怜悯而生活的人，绝对不会是幸福的人。这种人没有自己的主见，也不敢表达自己的意见，当遇到困难的时候，总是一味地退缩，渴求得到他人的庇护；当遭遇失败的时候，又总是变得非常沮丧，以求得到他人的同情。这样的人只能是懦夫，是软弱的人。

在维尼芙雷特很小的时候，我就开始教育她成为坚强的人，不要接受别人的怜悯，也不要轻易接受别人的同情。我要让她从小就知道，一切事情必须要自己去解决，以培养她做人的勇气和能力。因为我相信，只有勇敢的人才会是快乐的人。

米希尔是维尼芙雷特非常要好的朋友，有一天他在玩耍中不小心扭伤了脚。在游戏中，他本来是常常获胜的人，而现在却因脚受伤，在很长一段时间里不能参加孩子们的游戏。这不仅使米希尔自己感到很难过，并且他的母亲也为此而着急。她时常对自己的儿子说："我知道你的感觉不太好，我真为你感到难过，我多么希望你的脚马上痊愈啊。为什么受伤的偏偏是你，这简直太不公平了，太不公平了。"每当这个时候，她还会流出伤心的眼泪。

我认为，米希尔母亲的这一做法是完全错误的。因为孩子对母亲的感觉反应是很敏感的，这样会使米希尔在日积月累中形成不良的心态，他会感到自己受了极大的委屈，如此积累起来，当他遇到更大的意外的时候，他可能就会变得怨天怨地，毫无能力。在我们的周围，这样的人难道还少吗？

事实上，米希尔母亲的做法，也是对儿子的不尊重。因为她认为儿子太软弱无力，没有能力承受这么大的打击，认为他不能勇敢地面对现实。对于米希尔来说，他自己受了伤，不能和别的孩子做游戏，失望是在所难免的。然而，伤很快就会痊愈的，如果母亲保持冷静，便可以帮助儿子面对现实，如果她自己感到沮丧，即使儿子脚上的伤好了，也会在他的精神上留下怨天尤人的阴影。

我认识一个小女孩，她的名字叫米娜。在米娜 7 岁那年，一次车祸让她失去了一条腿。在医院里经过长期的治疗，她身上的其他伤口完全好了，只是需要拐棍帮助行走。这时候，医生建议她出院。

在医院里，米娜用了很长时间学习怎样照顾自己，怎样借助拐棍行走。在出院的时候，医生还特意嘱咐米娜的妈妈，让她鼓励米娜自己照顾自己，不要为米娜做太多的事。可是，这位好心的母亲却为女儿感到伤心，她总想着替女儿干点事来安慰自己，从感情上做些弥补。于是，她把能帮忙做的事，几乎全部替女儿做了，比如帮助她换衣服、洗澡、洗衣服，帮她把饭送到房间里，有时甚至还帮她梳头。

母亲干得越多，米娜就干得越少。米娜干得越少，就越对自己没有信心。她慢慢地只想待在自己房间里，什么事都不想做。于是，米娜从一个总是笑嘻嘻、勇气十足、自立的孩子，逐渐变成了常常喜欢发脾气、唉声叹气的孩子。

有一天，我见到了米娜，她对我诉说了自己的苦恼，并认为自己是一个毫无用处的废人。了解了她的情况之后，我找到了米娜的母亲，并告诉她："你不应该把女儿当成一个无能的人，而应该让她自己做一些力所能及的事，这样或许会对她更好一些。要知道，一个人只有体会到自己价值的时候，才会真正地快乐。如果你把所有的事情都帮米娜做了，可能就剥夺了她享受这种快乐的权利，让她觉得自己是一个只能依赖别人才能生活下去的废人，使她丧失对生活的乐趣。况且，我听说她在医院的时候不是做得很好吗？为什么不让她自己做一些力所能及的事呢？"

后来，米娜的母亲接受了我的建议，给女儿安排了自己能做的事，并时常鼓励她，让她逐渐建立起了信心。当我第二次见到米娜时，她不仅恢复了以往的开朗，还学会了以前不会的技能。记得那天我去看望她时，还未进门就听到了悦耳的小提琴声。原来，在这段日子里，由于不方便出门，米娜把所有的心思都放在了学习小提琴上，并且进步得很快。在我去看她的时候，她已经拉得很好了。

后来，我听说米娜还作为小提琴手参加了纽约的音乐节，并获得了优秀奖。

事实上，孩子从本性上是有足够的能力和勇气与困难搏斗的，他们要用奋斗来弥补自己的缺陷。如果父母一味怜悯或过多帮助孩子,孩子往往就会丧失信心,停止努力,这对孩子来说极为不利。诚然,身体上的缺陷是无法弥补的,但如果他们有一个强健有力的精神支柱,有健康的心态和战胜困难的毅力与决心,便不会觉得自己可怜。可以想象,这样的孩子成长起来后,会比在父母的怜悯、无微不至的关怀下成长起来的孩子要有能力和幸福得多。从这个角度来说,父母对他们的爱的意义也表现得要深远得多。

  我认为,父母教育孩子正确的态度是关怀、帮助而不包办,用鼓励来代替不必要的服务,使孩子尽快适应或恢复正常生活。因为只有这样,孩子才会真正地感到幸福。

什么才是真正的爱心

我认为，培养孩子最好的方式，就是用真正的爱心去对待孩子，只有这样，孩子才会成长为一个健康快乐的人。在维尼芙雷特成长的过程中，我深切地体会到：孩子最需要的是父母的理解和鼓励，是充满爱的关心与指导，是和父母在一起度过欢乐的时光。如果没有这种真切的关怀，那么即使为孩子提供再好的物质条件，给孩子买再多的玩具，在孩子眼里，父母的爱也是大打折扣的。

温斯特博士是我的同事，他曾经给我讲过自己童年时代的生活。他认为，他的童年可以算得上幸福，但还是有一些遗憾至今仍然埋藏在心里。对他来说，这些遗憾可能已经成了生命中难以磨灭的阴影，再也无法挽回了。

"在我小时候，家里可以说是相当幸福和富裕的。父亲非常爱我，每次回家都会为我买我喜欢的玩具，带我去我喜欢的地方玩，并且给我买平时妈妈都不同意买的东西。但是，我很少见到他。因为他的工作特别忙。他是个外交官，平时很少在家，一年中绝大部分时间都是在国外度过的。

"从小我就跟着妈妈生活，对很少回家的父亲感到极其陌生。每次父亲回来后，我会慢慢与他熟悉起来，并开始跟着父亲到处跑，像他的小尾巴一样，但很快他又走了。并且一走又是很长时间，我又觉得他陌生起来。

"有一天，父亲又回来了，母亲建议我和他聊聊天，可我却说：'叫爸爸和你聊吧，我和他没什么话说。'母亲问我爱不爱爸爸，我说：'爱是爱，可是我不认识他。'当然，当时我想说的其实是'我不了解他'。等我长大之后才知道，当时父亲听到这话后，有多么伤心。他爱我，爱这个家，但是由于工作的关系，他不能经常和我们团聚，我母亲自然能够理解他，但由于当时我太小，根本不可能了解这些。

"那个时候，尽管母亲经常向我解释父亲为什么不在家，而且我们之所以能享受现在的生活，多亏了父亲的辛苦，但对我来说这些都太抽象了。因为那时我还是一个孩子，我需要更直接的方式来体会父亲对我的爱。我需要父亲牵着我的手，回答我提出的各种各样的问题；我需要趴在父亲的肩头，看着背后倒退而去的树林和房屋；我还需要父亲和我一起玩男孩子的游戏，让我在奔跑滚打中放声大笑……

"后来我长大了，我渐渐理解了父亲为家庭所做的一切的意义，并为父亲的敬业精神所打动，因而非常敬重他。但是，父子之间那种亲密的情感却很难建立起来。直到今天，我都常常为此而感到难过。"

温斯特博士的话让我感触良多，我深深地体会到，作为父母应当如何去爱自己的孩子，应当如何记得孩子对自己的爱。当然，温斯特博士的父亲情况比较特殊，而对于大多数父母来说，通常还是有机会陪伴在孩子身边的。然而，很多父母平时忙于自己的事业，好不容易有时间陪孩子，却又总是在孩子面前摆出教育家的架势，失去了许多向孩子倾注情感的机会。事实上，这不仅对孩子来说影响了他们的心理健康，对父母来说，也失去了一个建立充满爱的亲情关系的机会。

记得有一位母亲曾经对我说："我把自己全部心血都放在了女儿身上，她所有的事情我都要操心——吃的、穿的、用的、住的，包括学校里的事，业余爱好的培养，全都是我一手操办。现在她长大了，回过头来问她更爱爸爸还是妈妈，她竟然毫不犹豫地说更爱爸爸。"这的确令人伤心，不过我仿佛能在脑海中看到这位母亲的日常形象——尽职尽责的保姆，而不是慈爱的母亲。在我们周围，其实有很多类似的情况，孩子长大之后，父母会理直气壮地要求他们感恩戴德。但是我却认为，这是愚蠢父母的愚蠢做法，施恩图报本身就有悖于父母与儿女之间的爱的本意。

我认为，子女感激父母的抚育之恩是理所应当的，但与此同时，这种感恩应当是顺其自然的，如果父母总是以恩人自居，觉得自己既然为孩子付出了那么多，就必须得到应有的回报，孩子就理应对自己言听计从。那么，这样就只能使孩子产生逆反心理，导致对立。

实际上，父母与儿女之间的爱应该以相互尊重为基础，即使是孩子很小的时候，父母也应该尊重孩子。在我们的生活中，很多父母愿意花很多时间与陌生人应酬，诚信待人，以图在事业上有所收益，但对与孩子的约定却很随便，可有可无、可遵守可不遵守，懒得费心思。我想，这不仅对孩子的成长不利，也妨碍了父母与孩子建立更深厚的感情。

虽然我和丈夫都有各自的工作，但我们从未放松过对女儿的关心和照顾。我所说的，并不仅仅是生活上的关心，更重要的是我们能够走进女儿的心灵，与她一起分享美好时光。在女儿童年时期，我们就非常关心她的内心感受，而正是这种真诚的交流，让她体会到了父母对她实实在在的爱。后来，我常常想到，我的维尼芙雷特如此听话，与这种教育方式是分不开的。

记得有一天，维尼芙雷特从外面回来，一进门就告诉我："妈妈，卡特今天被他妈妈揍了一顿。"

卡特是女儿的一个玩伴，平时也是一个很懂事的孩子，我不知道他的母亲为什么会突然对孩子动起手来。于是，我便问维尼芙雷特："为什么，卡特平时是个很乖的孩子呀？"

"是啊，我也这么认为，"女儿看着我说，"可是，他今天把他的妈妈给气坏了。"

"为什么？究竟是怎么回事？"

"今天，我们在卡特家玩的时候，谈到了未来的理想，于是卡特的妈妈问他长大以后要做什么。卡特当时就说自己想当海军士兵，去很远的群岛上打仗。其实，我很早就知道卡特想当海军士兵，他在我们面前已经说过很多次了。可是，他妈妈就不高兴了，问他：'你长大以后难道就不管我了吗？'卡特说：'我要去打敌人，让妹妹来照顾你吧！'卡特的妈妈又生气又难过，说她简直白养了一个儿子。后来，两个人就吵了起来……"

"妈妈，我想问你一个问题。"说完卡特的事之后，女儿又问我，"你是不是也不希望我长大以后离开你啊？"

　　当时，我抚摸着女儿的头说："那当然了，世界上所有的妈妈都不希望孩子离开自己，但是，只要你愿意，只要你认为必须去做某些事而不得不离开我，我一定会支持你的。因为妈妈最大的心愿就是让你幸福，只要你能够幸福，妈妈也就会为你感到高兴。所以，无论你将来走多远、走到哪里，妈妈都会永远祝福你。"

　　听到我的回答，维尼芙雷特的脸上露出了幸福的笑容，扑进我的怀里："你真是个好妈妈，我想我永远也不会离开你的。"

以身作则，教女儿善待他人

在教育维尼芙雷特的过程中，我常常体会到，抚育孩子其实是一件极具风险的事情。因为做父母的一不小心，就会对孩子的情感造成伤害，并给他们的个性带来终身的阴影，这种损失比任何损失来得都要大。因此，作为父母，应当不断地从各个渠道吸取教育经验，提高自己的教育技能，并且把教育孩子当成人生中一件非常重要的事情来抓，不能因为其他任何事情而耽误了孩子的教育。我想，只有这样或许才有可能养育出一个健康、幸福、快乐的孩子。那么，当这一切都具备的时候，我们应当如何着手实施教育呢？

在我看来，人作为社会群体中的一员，应当处处约束自己的行为、陶冶自己的情操，使自己成为在社会上受欢迎的人。因此，从一开始我就非常重视教育维尼芙雷特能够友好地对待他人。但是，如何有效地实施这样的教育呢？我想，单靠灌输应该与不应该来硬性塑造是绝对不可以的，因为这样做违反人的天性。尤其对于孩子来说，强制措施只能引起他们的反感，最终只会造成事倍功半的效果。

在我们的周围，有些父母看见自己的孩子在众人面前使性子、发脾气，常常会觉得很难为情，会在心里产生这样的想法：真丢人，别人肯定会批评我没有管教好孩子。几乎所有的父母都有这样的想法，他们常常会觉得很没有面子，却很少有人真正地去关心孩子此时的心情与情感需要。因此，每当遇到这种状况，父母会立刻做出判断：真是胡闹，太不像话了，并很快地加以制止，甚至强制性地要求孩子停下自己的行为。事实上，这种做法是极为错误的。

我认为，作为一个理智的成年人，脑海中有成套的清规戒律：什么样的行为是可以接受的，什么样的行为是不能接受的；在情感表达上也有明确的概念：什么样的情感是值得赞扬的，什么样的情感是不应该存在的。诚然，教会孩子懂得这些礼节是非常有必要的，但如果只采取强迫的方式，而不主动走入孩子的内心，他们是不可能接受成人的行为规范的。如果父母采用高压强制的手段，逼迫孩子来接受自己的这一套，那么就有可能造成孩子内心的畸形，这对于孩子的发展是非常不利的。

记得有一次，我带着维尼芙雷特做了一次长途旅行。在火车上，我看见了穿着打扮都很讲究的一家人，这家人有两个儿子，一个大约7岁，另一个4岁左右。一上火车，我看见这两个孩子，不由得心中暗暗叫苦，预计这次旅途肯定很难安静了，并且准备好应付他们的喧闹和爬上爬下、进进出出的骚扰。然而，让我出乎意料的是，两个孩子竟然都正襟危坐，桌上也没有摆放任何玩具和书本，弟弟有时也会探过身子逗逗哥哥，但绝不会发出吵闹之声。与之相反，维尼芙雷特这时倒是兴高采烈地看着车窗外的风景，不停地向我问这问那。

如果在以前，我一定会夸奖这家父母管教有方，甚至会请教他们用了什么样的好方法，会教育出两个如此懂礼节的好孩子。但此时，我看看那两个呆呆坐着的孩子，又看看活泼可爱的维尼芙雷特，突然觉得这两个孩子非常悲哀。

孩子总是好动的，需要玩耍和娱乐，让他们像成人一样束手而坐，必然会压抑孩子的天性，也确实太勉强他们了。所以，每当我带女儿出门时，必定要带足够的玩具与食物，使她能够有足够的东西可消遣来熬过漫长的旅途。

这时候，我不禁为那两个孩子担忧起来，他们是否会过早地被纳入规范的纪律之中，本性因此得不到充分的发展而变得畸形了呢？

我认为，想要孩子懂得纪律的约束，必须要经历一个循序渐进的过程。当他们懂得许许多多的应该和不应该之后，才能顺利地融入这个社会，才不至于因格格不入而备受挫折。但是，怎样去引导他们，并且这种引导应该进行到什么程度，都是做父母的需要仔细思量的事情。只要一不小心，便会很生硬地碰伤孩子稚嫩的情感，造成终身的伤害。而如果到了他们受伤害之时，那么再做怎样的努力也都是无法挽回了。

这时候，父母可能就会疑惑了，当孩子不听话时，当孩子发脾气时，做父母的究竟应该怎么办呢？我认为，首先应当意识到，这其实是孩子在向父母发信号，他在表现自己内心的一种需要，这是很正常的事情。我们知道，其实每个人都有需要发泄的时候，只不过成年人能够控制自己，而孩子却不会注意方式和场合。因此，如果父母能够理解孩子的心理需要，就不会急于纠正，而是设法找出孩子这样做的原因。只有当孩子懂得别人能理解他的心情时，他才会平静下来。这时候，孩子也才能听从父母的解释和引导，而不会采取抵触的情绪。

　　维尼芙雷特小时候和所有的小孩子一样，有时也会显得非常固执，对自己认准的事情不回头，如果你想去纠正她，可能就会使她发脾气，找借口大声哭闹。尤其是当有外人在的场合，我不知道应该如何使她安静下来。曾经有过一段时间，这件事让我感到十分头疼。

　　有一次，家里来了许多客人，其中也有和维尼芙雷特差不多大小的孩子，刚开始的时候她和那些孩子玩得很开心，我便不再管她。正当我忙于招呼客人的时候，不知道是什么惹恼了维尼芙雷特，她突然胡乱发起脾气来，大喊大叫，还乱扔东西，所有客人都诧异地看着她，不知道发生了什么事情。我想，她发脾气一定是有原因的，就立刻把她带到了外面问她："妈妈知道你心里不高兴，能不能告诉妈妈是什么原因呢？"

　　女儿说："我看见你刚才只顾招呼别人，却没有理我，以为你不喜欢我了。"

　　原来如此，我把女儿抱了起来，对她说："傻孩子，妈妈怎么会不喜欢你呢？因为这些人是客人，我当然要对他们热情一些，否则以后别人就不会来我们家了。对客人热情，是一种礼貌，我不是教过你，要做一个有礼貌的孩子吗？妈妈最喜欢的就是你，你应该相信妈妈啊。"

听完我的解释，维尼芙雷特的心情顿时开朗了起来，她不但不再发脾气，还帮着我去招呼客人。当时也有一些母亲在场，她们为我能在这么短的时间内把女儿哄得开心而感到惊诧，纷纷向我请教经验。我自然很高兴地讲述了我的方法。

很多父母经常会为孩子的怒气和恶意而惊讶，简直不知道应该怎么办才好。但是有一点我们应该知道，如果父母也像孩子一样不能控制自己，那么事情会变得更糟。作为成年人，父母应该采取一种平和幽默的方式来处理孩子的"无理取闹"。维尼芙雷特之所以成为一个能够让别人喜欢的人，是和我对她的循循善诱分不开的。

维尼芙雷特长大后，曾经在日记中记述了我当时教育她的一些事：

"记得小时候，我有一次无缘无故地发脾气，还摔坏了自己的一些玩具，可妈妈并没有责骂我，反而坐在椅子上轻松地对我说：'维尼芙雷特，我看你的火气大得要摔东西了吧？你一定看我不顺眼，要不要我先藏起来一会儿，免得被你吃掉。'听了妈妈的话，我忽然觉得自己很可笑，于是轻松起来，仿佛心里的烦恼瞬间减轻了许多。

"还有一次我发脾气，妈妈好心的劝解并没有使我平静下来，而我还说了一些让妈妈十分难堪的话。我看到妈妈的脸色很不好看，但她并没有发火，而是慢慢地说：'你不知道你的话多伤我的心，以后我们再找机会谈这件事，好吗？'当时，我简直恨死我自己了，我知道自己是怎样让妈妈难过的。也许从那时起，我真正懂得了怎样理解别人、怎样善待他人。"

　　很多父母经常会为孩子的怒气和恶意而惊讶，简直不知道应该怎么办才好。如果父母也像孩子一样不能控制自己，那么事情会变得更糟。作为成年人，父母应该采取一种平和幽默的方式来处理孩子的"无理取闹"。

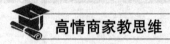 高情商家教思维

1. 如何让孩子具备追求幸福的能力？

_____

_____

_____

2. 如何教育孩子面对失望甚至于失败、挫折？

_____

_____

_____

3. 财富与幸福有何关系？

_____

_____

_____

4. 如何树立孩子永不言败的自信心？

_____

_____

_____

5. 培养孩子的最好方式是什么？什么才是真正的爱心？

_____

_____

_____

6. 如何培养一名健康、快乐、幸福的孩子？

_____

_____

第六章

孩子需要鼓励，如同植物需要阳光

给孩子一点温暖更有效

我曾经接触过不少年轻的父母，发现他们通常不明白什么才是鼓励，甚至简单地认为鼓励就是说一些好听的话，夸奖一下孩子。在我看来，这种认识是错误的，完全没有理解鼓励的真正内涵，同时也没有认识到鼓励对于孩子成长的重要性。

我认为，鼓励能够为孩子提供实现自我的机会，是一种培养孩子自信心的方式。鼓励可以让孩子认识到，他完全有能力在自己感兴趣的领域做出贡献，可以对周围的事物及自己的生活产生影响，可以对自己感兴趣的事做出积极的反应。同时，鼓励也能使孩子学会基本的生活技能，有了这种能力，孩子才能在个人生活与社会交流中如鱼得水、从容自若。

事实上，父母的固执和不合理的教育方式，往往是导致教育失败的罪魁祸首。有的父母认为，想要纠正孩子的错误，只有惩罚才可以奏效，于是孩子根本就得不到什么鼓励。然而，大量事实证明，在这种教育方式下长大的孩子，往往没有多大的作为。相反，只有那些在小时候得到父母充分的、正确的鼓励的人，才具有超强的勇气来为自己的人生开拓一片天地。

可能很多父母会觉得，鼓励孩子是一件很麻烦的事。我却认为，鼓励可以用非常简单的方式进行，比如给孩子一个拥抱，他就会感到一些安慰。孩子的情绪是变化无常的，他们经常会哭闹，有时也会忧愁，或者闷闷不乐地嘟囔，似乎什么都不能使他高兴起来。在这种情况下，父母通常会感到很生气，甚至会打孩子，以为这样就可以制止孩子的无理取闹。其实，这是非常不明智的做法，根本起不到任何积极的作用。相反，给孩子一个拥抱，向他传达你对他的理解，让他感到温暖，往往会收到良好的效果。

维尼芙雷特在小的时候，也经常喜欢哭哭闹闹的，但我从不用责骂的方式来制止她，而是经常留心她的表现，给她一些温暖。我会把女儿抱在怀里，对她讲她是一个多么可爱的孩子，我多么地喜欢她。这个时候，女儿一般会停止哭泣，直到一切恢复正常。我认为，要想制止女儿的哭闹，最关键的是要了解她真正需要的是什么，很多时候她的哭闹可能只是想引起我的注意，所以给她一些温暖很容易就会让她安静下来。

另外，作为父母，学会掌握鼓励孩子的时机也是非常重要的。以维尼芙雷特为例，根据我的观察，对她进行鼓励的最佳时机就是在她冷静之后，尤其是当她的目的是在显示权威或报复时。因此，当和她发生冲突时，冷静处理是非常有效的方法。如果当时的情况无法冷静下来或不允许走开，起码也要友好地表明自己的感情与目的，而不是急于说出伤人的批评及责备。

在培养维尼芙雷特的过程中，我总是把鼓励她和充分肯定她的优点放在首位，我会尽量避免伤害她的自尊心。记得在她3岁的时候，有一段时间似乎对画画失去了兴趣。对于这一情况，我感到很奇怪，因为女儿对画画一向很有热情。为了帮助女儿恢复以往的热情，我专门找她谈了一次。

"维尼芙雷特，我发现你已经好几天没有画画了，这是为什么呢？"

女儿听到我的问话后，并没有马上回答，而是低下了头，嘴里不停地嘟囔着一些什么。

"告诉妈妈，你现在是不是已经不喜欢画画了。没有关系，如果你真的不想画了，妈妈是绝对不会强迫你的。"

"不是，妈妈，我喜欢画画。"

"那为什么我现在很少见你画呢？"

"因为……因为我画得不好。"

"不会吧？我看你一直都画得很好啊！"

"不，就是画得不好。"

"那么，把你的画拿给我看一看好吗？"

"不行，那些画一点都不好。"

"没有关系，给妈妈看又不是给别人看，说不定妈妈还可以帮帮你呢。"

于是，女儿把她的画全都拿了出来，样子看上去显得有点难为情。

"哇，多美啊！这么好的画，你怎么还说画得不好呢？"看了女儿的画，我立即表示了自己的赞叹。

"可是，那个太阳没有画圆。不知道为什么，我画圆的东西总是画不好，像小球呀、苹果呀什么的，我总是画不好。"

"可是，这些东西都没有必要画得那么圆呀！"

"卡特就画得非常圆，他还总是嘲笑我呢。"

"维尼芙雷特，我不是带你看过画展吗？你想一下，有哪位大画家把苹果、太阳这些东西画成正圆的？"我逐渐开导她。

"没有。"女儿想了想回答道。

"是呀，那些大艺术家都不这样做，为什么你非要画得那么圆呢？依我看，好的画应该是生动的、有感情的，而不是追究哪根线画得直不直，哪个苹果画得圆不圆。只有绘图员才会那么画，而你又不是绘图员，对吧？"

维尼芙雷特似乎没有听懂，只是奇怪地看着我。于是，我给她讲了画家和绘图员有什么不同，我还告诉她，卡特对她的评价是不对的，并且还从她的每幅画中找出了优点。维尼芙雷特睁大了眼睛听着，心头的疙瘩顿时解开了。从那以后，维尼芙雷特又恢复了对绘画的兴趣，并且由于消除了心理上的障碍，她画得越来越好了。

在我看来，对于维尼芙雷特这样小的孩子来说，画得好不好根本不重要，重要的是她有信心画下去。当然，在鼓励孩子的时候，再向他们传授一些正确的知识，那就更好了。

从我的经验来看，当孩子感到内心痛苦或没有信心的时候，严厉地指责是最愚蠢的做法。假如父母能给孩子一些温暖，并不失时机地鼓励他们，那么他们做不好的事情也会在鼓励之下做好，把做得好的事做得更好。

夸孩子也得讲究方法

我认为，真正的幸福是不能依靠别人的注意得到的，它产生于自己的独立活动之中。因此，一个只有得到别人注意才会高兴的孩子，不是一个真正幸福的孩子。但是，在我们的社会中这样的孩子却不在少数，他们总是想尽各种方法来博得大人的欢心，进而得到大人的夸奖。诚然，孩子听从大人所教导的那些道理是值得让人高兴的，但问题在于这些孩子只是为了让大人高兴而去做事，并没有把这些道理作为自己生活的准则，所以也不能使这些品质成为其人生道路上的助力。这是什么原因呢？我想，在很大程度上是由于父母错误的夸奖方式造成的。

从维尼芙雷特一来到这个世界上，就表现出了强烈的参与欲望，希望能够加入人群之中，和别人一样做很多事情。在我看来，这种欲望就是学习的动力，是一种可贵的探索精神。当然，后来在与其他父母的接触中我才逐渐发现，并非只有维尼芙雷特才有这种参与世界的欲望，这几乎是孩子的一种天性。作为父母，只需要将这种欲望进行正确的引导，就能够培养出一个优秀的孩子，而这种引导在很大程度上取决于父母的夸奖和鼓励。

有一次，我正在收拾房间，并为一个好看的花瓶插上刚买回来的鲜花。当时，我正在为玻璃花瓶的底部铺上一层小石块，以此作为装饰。这时候，维尼芙雷特走了过来。

"妈妈，让我来帮你吧。"说着，女儿就抓起了一把小石子。

"不用了，维尼芙雷特，会打破花瓶的，你在旁边看妈妈铺，好吗？"

"不，我是不会打破花瓶的。"女儿仍然坚持要给我帮忙。

于是，我一下子就抓住了她的手，对她说："到别的房间去玩玩具，否则妈妈可就要生气啦。"

看到我的样子，维尼芙雷特顿时有些失落，她无精打采地离开了客厅。这时候，我突然发现自己的做法是不对的，因为这样会抹杀掉她的好奇心及敢于探索的勇气。于是，我马上去把维尼芙雷特叫了回来。

"维尼芙雷特，我认为你帮助妈妈也是一件好事，这样吧，我来教你，好不好？"

女儿的眼里一下子就迸发出兴奋的目光，又去抓了一把小石子。

"不，维尼芙雷特。不要一次拿那么多，你应该一个一个地放，不要用力扔进去，否则会把瓶子打碎的，你要轻轻地放进去。"

在我一步一步地指导下，女儿小心翼翼地把石块装进了花瓶，并且摆放得非常好看。看到女儿把这件事做得很好，我在心底里感慨万千。其实，一个玻璃花瓶的价值远远不如女儿的自信心，即使她不小心打碎了又有什么关系呢？我起初为什么那么在乎那个花瓶呢？我想，当维尼芙雷特受到鼓励后显得非常高兴，在这样一点一滴的实践中，她的自信心就会越来越强。

我心里很清楚，每个人的成长都建立在自己的强项上，而不是建立在弱势上，既然成年人也会做错事，为什么我们要苛求小孩子呢？我认为，我所做的一切都是为了不断地改善自己培养孩子的方法，并不是为了一夜之间就达到尽善尽美，而且世界上也不可能有尽善尽美。

在日常生活中，我时刻都在注意女儿一点一滴的变化和进步。当看到我女儿的进步时，哪怕是微不足道的进步，我也会感到非常欣慰，并且把这种欣慰对女儿表达出来，让她受到鼓励，能够做得更好。可以说，维尼芙雷特的每一点进步，都会增强我的信心，使我相信能够帮助她做得更好。

在我看来，父母要想培养和鼓励孩子的自信心，首先要注意方法与时机。有的方法看似是鼓励，却因使用不当而起到相反的作用。这样一来，父母对孩子的赞扬反而可能就会成为打击。也许有人会感到奇怪：这怎么可能呢？表扬孩子，怎么还会打击孩子的自信心呢？然而，这并不是我的主观论断，这是一个事实。不信，我们来看下面这件发生在现实生活中的事例。

我的朋友当中有一个叫爱依娜的，她有一个 11 岁的女儿。一天，爱依娜走到女儿的房间，看见女儿把房子打扫得干干净净，而且正坐在桌子旁边，很安静地写作业。她禁不住内心的喜悦，说道："爱依娜，你真是个好孩子！妈妈没有要求你去这样做，你却做了，你真是太好了。妈妈太爱你了。"

可是，在后来的几天里，爱依娜并没有每天表扬女儿的这个行为，这才发现女儿并不像自己想象的那么乖，因为她再也没有主动地打扫房间。这能怪谁呢？只能怪爱依娜自己。其实，这是因为爱依娜的方法有问题。我们表面看上去，好像爱依娜是在表扬孩子，但女儿很有可能这样想：妈妈之所以会爱我，就是因为我打扫了房间，如果我没有这样做，她是不是还会爱我呢？可以说，这样的夸奖会对孩子的认识产生错误的引导作用。孩子可以得到这样的印象，即他们自身的价值完全依赖于自己怎样做能够满足妈妈或其他什么人的要求，怎样做才能得到别人的赞扬。孩子可能会认为，如果得到了赞扬，他们的个人价值就会上升，但如果他们的房间非常乱或做了其他什么错事，就会遭到妈妈的斥责，让他们的个人价值和在妈妈心目中的地位下降。

在这样的环境中成长的孩子，等他们走到社会生活当中后，将会如何发展和表现自己呢？这时，他们能否适应外面的世界，将在很大程度上取决于别人对他们的评价。当别人赞扬他，并告诉他做得很好时，他的自我感觉良好的意识就会上升，工作更努力；然而，一旦别人告诉他他做某件事不对，或者因忽略了某件事情而没有赞扬他的时候，他的自我评价就会极度低沉，甚至失去自信心。

因此，对孩子的赞扬也是要有选择的。在维尼芙雷特的成长过程中，当她有很大进步的时候，我会直接夸奖她。但是，对于有些她一直做得很好的事情，我则只会在心里面说：女儿，你真行。却不会表现出来。

女儿，你应该表现自己

在我的意识当中，认为教育孩子一定要从小就培养他们独立的生活能力。因此，在维尼芙雷特很小的时候，我就教她自己做自己的事情，比如自己吃饭、穿衣服、洗脸、上卫生间，等等。事实上，女儿不仅可以把这些事做得很好，而且还会为自己能够做好这些事感到自豪，这让她不断相信，自己完全能够照顾好自己，能把自己弄得干净利索，并不断学习新的技巧。

从幼儿时期开始，维尼芙雷特就表现出强烈的自己动手欲望。当她自己去抓勺子时，是想自己喂自己饭吃，在这种情况下，别的父母可能就会怕孩子把衣服和桌子弄脏而制止孩子，但是我从来不会这样。因为我知道，如果不让她动手，就会挫伤她的积极性，使她对自己的能力产生怀疑，而这样的损失可能是无法挽回的。在我看来，把脏成一团的孩子洗干净，要比帮她重新树立勇气要容易得多。一般来说，只要女儿表现出要为自己做点儿事情时，我都会支持她、鼓励她放手去做。

当孩子很小的时候，尤其是当孩子有困难的时候，父母似乎觉得帮助他们是一种不可回避的责任。因此，父母对孩子总是不放心，什么也不敢让他做，而自己则整天为孩子忙碌。在我看来，父母最好应该控制自己的这种冲动，因为父母只是在习惯性地帮助孩子，却没有意识到有些帮助其实是大可不必的，孩子们也许很早就已经掌握了那些技能，只是我们不去认可罢了。有的时候，父母为孩子做事情还会受到孩子们的抵制，他们可能会说："让我自己来。"这时，做父母的与其费尽力气地违逆孩子的愿望，倒不如听从他们的建议，让他们自己来。

事实上，每个孩子起初都有表现自己能力的欲望。如果他们有表现的机会，比如自己照顾自己，帮父母做事，他们就会为自己有能力而感到自豪。这样的孩子长大成人后，自然会很愿意为自己做事情，并且也乐于为他人做事。

直到现在，维尼芙雷特小时候的一些事还时常在我的眼前浮现：当女儿看到父亲在写字的时候，她也会找来一支笔写写画画；当看到我浇花的时候，她也会提着一个玩具桶过来帮忙。我想，这是一种参与的欲望，也是一种表现能力的欲望，我从来没有对她的这类行为采取禁止的态度。但是，我发现在大多数家庭中，孩子的这种欲望可能会被担心、呵护和父母的包办所挫伤。由于父母可能会担心孩子受伤、损坏东西，或者担心孩子太费力，从而不顾一切地制止他们。在这种情况下，孩子们往往会受到打击，认为自己没有足够的能力，从而使自信心在不知不觉中减退了。

由此可见，正是父母常常低估孩子的能力，夸大了他们的无能，才使得孩子本来应该具有的勇气逐渐消失得无影无踪。在我看来，给孩子尝试的机会，使他们相信自己的能力，并对他们进行必要的鼓励，非常有利于他们潜力的开发。这样，也会很容易培养出孩子获取成功的自信心。

在维尼芙雷特3岁的时候，我从一位朋友那里得到了一个消息，说是我们所在的城区将举行一次儿童朗读比赛。听到这个消息之后，我认为这可能是一个锻炼女儿的好机会，于是就和她商量。

"维尼芙雷特，我听说有个儿童朗读比赛，你愿意参加吗？"

"当然愿意，可是……"

"可是什么？如果你愿意参加，妈妈明天就去给你报名。"

"可是，我有点儿害怕。"

"为什么害怕？我觉得你的朗读一直都是很棒的啊。"

"我想，到时候一定会有很多人，他们都会看着我。"

"那有什么关系呢？你不是害怕自己会输吧？"

听到我这样说，女儿有些沉默了。看到女儿这个样子，我决定鼓励她鼓起勇气，不要因为害怕而放弃一个能够表现和锻炼自己的机会。

"依我看，你还是参加吧。因为你的朗读真的很不错，不管能不能得第一，这也是一个锻炼自己的好机会。你如果怕别人看你，你就别去看他们，把注意力完全放到比赛中就好了。再说了，就算他们看着你也没有关系，说不定还是件好事呢！你想想看，人们只会看自己喜欢的人，如果没有人看你，可能说明别人不喜欢你。不过，我想别人一定会喜欢你的。况且，你把自己的朗读能力展现给喜欢你的人，又有什么不好呢？不过，这件事还是由你自己来决定，我只是告诉你我的想法。"

在我的引导下，维尼芙雷特犹豫了一会儿，最终同意让我去给她报名了。但是，第二天当我给女儿报完名后把报名表递给她的时候，女儿的眼中没有露出喜悦的目光，而是显得有些忧心忡忡。

"怎么了，维尼芙雷特，你后悔了吗？"我关切地问她。

"没有，可是我不能获胜。"女儿小声说道。

听到维尼芙雷特这样说，我觉得有必要给她讲讲这次比赛的目的和意义，以便打消她的顾虑。于是，我对她说：

"维尼芙雷特，我认为举办比赛是为了让小朋友们一起参与一个有意义的活动，让你们相互认识，相互了解和交流，并能在相互交流中学到更多的知识。其实，参加比赛并不是为了得第一名，而是为了锻炼你的能力和意志。在妈妈看来，你如果赢了，能得第一固然是一件好事，但如果没有得到名次也没有关系，我和你爸爸都不在乎这些。因为我们始终认为，你是个有能力的孩子，这一点并不需要靠比赛的名次来证明。"

听我这么一说，维尼芙雷特顿时开朗起来。我知道，维尼芙雷特非常聪明，但就是有点胆小，她不敢想象自己站在台上，面对那么多观众大声朗读会是一种什么样的感觉。但我想，任何一个孩子在最初面对这种情况时都会有些胆怯，如果不参加活动，多多锻炼，那么就可能直到长大后也一直是这个样子。我让女儿参加这个比赛，就是为了让她的视野更加开阔，从小学会面对生活，并通过这个大好的机会来证明自己的能力，锻炼自己的勇气。

朗读比赛是在一所学校里举行的，那天来了很多人，其中有一些是当地热心于教育事业的人士，而更多的则是来参加比赛的孩子和他们的家长。

轮到维尼芙雷特上场的时候，她冷静地从座位上站起来，向比赛的讲台走去。在她站起来的时候，回过头看了我一眼，似乎想和我说点什么。于是，我轻轻地握了握女儿的手，小声地对她说："亲爱的，你是最棒的！你应该表现自己！"

比赛的结果正如我所预料的那样，维尼芙雷特最终得了第一名。那天，女儿真是太高兴了，她不停地拥抱我、亲吻我。

虽然这是维尼芙雷特第一次登台，却为她以后的人生道路打下了坚实的基础。从此以后，维尼芙雷特不再像以前那样胆小了，她敢于在任何场合发表自己的意见，并畅快淋漓地表现自己。后来，在维尼芙雷特 5 岁的时候，她能够用世界语演讲并到处宣传世界语。我想这与她在那次朗读比赛中获得的自信是分不开的。

得到美，就是最好的奖励

由于维尼芙雷特的出色表现，附近的很多年轻的母亲都喜欢到我家来，和我一起交流教育孩子的经验。当我把自己的方法告诉她们后，她们常常会如获至宝，马上应用到自己的教育当中。不过，有些情况下，她们只是看到了表面，而没有看到实质，采取了一些错误的方法。

记得有一次，我的邻居安斯特丽太太专门跑到我家来，激动地对我说："斯托夫人，今天我按照你的教育方法鼓励了儿子。"

我表现出极大的兴趣，忙问道："真的吗？那太好了，能说来听听吗？"

于是，安斯特丽太太就向我描述了那天她鼓励儿子的过程：

安斯特丽太太从外面回到家，一进门就发现房间的地板擦得干干净净，房间里的东西也全都收拾得整整齐齐。当她得知这一切都是9岁的儿子吉姆所为的时候，她感到由衷的欣慰，因为她没有事先要求儿子这样做。而且，吉姆的这一行为可以说是有生以来第一次，过去他一直被认为是一个非常邋遢的孩子。

安斯特丽太太激动地亲吻了儿子，并表扬他说："吉姆，你做得太好了，干了这么多活，我真的是没想到。那么，哥哥有没有帮你做呢？"

吉姆骄傲地说："哥哥到外面去了，只有我一个人在家。这些全都是我自己做的。"

"噢！真是太好了，吉姆。你现在已经是个懂事的孩子了，妈妈以前说你太懒了，真是错怪你了！我多么喜欢你啊，我想，如果你哥哥也能像你一样勤快就好了。"

母亲的过度反应甚至让吉姆有些不好意思了，他说道："这不算什么，妈妈，反正我今天也没有什么事。"

安斯特丽夫人说："这样吧，因为你今天的表现，我奖给你两块钱。"

听完安斯特丽夫人的叙述之后，我简直快晕过去了。虽然她是那么的兴奋，以为自己对孩子进行了正确的教育，却不知道自己已经犯了一个非常严重的错误。她虽然曾经听过我是怎样鼓励维尼芙雷特的，但我想她并没有明白鼓励的真正含义。

我为什么会这样说呢？诚然，吉姆在没有人帮助的情况下主动做了分外的工作，并且完全是出于自愿，母亲表扬他、夸奖他是个好孩子，并表示了对他的喜爱，以至于希望别的孩子也和吉姆一样勤快爱干活，这些都是合情合理的事。但安斯特丽夫人的错误之处，就在于她把所有的好评都用在吉姆身上，把吉姆本人的好坏与他所做的事联系起来，与自己的爱联系起来。安斯特丽夫人这样的夸奖，会让孩子无法肯定母亲是由于他做了这件事才爱他，还是即使他不做事也仍然爱他。

此外，吉姆在做了好事之后受到母亲的大加赞赏，会对自己的行为感到满意，并充满自信，并认为自己的每一点努力都应该得到别人的赞赏。然而，在现实生活中，是没有人时时刻刻表扬他的。有时候，即使做了很好的事，也不会有人表示赞赏。如果当他面对冷酷的现实时，又会有什么反应呢？他这时可能会认为生活不公平，可能会想：我真可怜，我这么努力却没有人欣赏；我做了那么多的事，却谁也看不见。这样一来，很容易使他在现实中感到心灰意冷，不断抱怨生活，甚至连自己本来应当做的事也不愿意去做了。

最后，也是很重要的一点。因为吉姆做了好事，母亲就给他两块钱，这也是非常不应该的。这容易使吉姆错以为，做了分外的事就一定会得到报酬。这样的话，在以后的生活中，他就会有意识地期望别人给他物质上的奖励。这与现实生活是相冲突的，孩子不可能做每一件事都能得到金钱上的回报。试想，假如母亲由于太忙而忽略了吉姆所做的好事，或者忘了给他钱，他会有什么样的感受呢？这样，他的积极性很可能会受到沉重的打击，并很有可能由此失去做好事的热情。

在我看来，对孩子进行鼓励和赞扬应该把注意力放在孩子的行为上，而不应该把孩子本身的好坏与所做的事情联系起来，更不能把自己对孩子的爱与这件事情联系起来。事实上，表扬只有针对孩子所做的事情，才会使他有满足感、成就感。

我在教育维尼芙雷特的过程中也时常遇到这类事情，维尼芙雷特经常帮我干一些家务，偶尔也会做一些分外的事情。每当这个时候，我也总会对她表示鼓励和赞赏，但在方式上和安斯特丽夫人有很大的区别。

记得有一个星期天，当我从外边回到家时，发现维尼芙雷特已经把屋外的花园收拾得干干净净了。她不仅自己动手铲除了花园里的杂草，还清扫了那些从树上掉下来的枯叶，并为花园浇了水。在此之前，我便已经打算安排时间把花园清理一下的，没想到维尼芙雷特自己就把花园收拾得如此干净，看到这个情形，我心里有说不出来的高兴。

"维尼芙雷特，有人把花园打扫干净了，你知道是谁吗？"我故意逗她说。

"猜猜看。"维尼芙雷特脸上有抑制不住的喜悦。

"哦，让我想想。如果不是仙女干的，那就一定是你。"

"当然是我了。"女儿自豪地对我说。

"干得不错。你是怎么干的？跟妈妈说说。"

于是，维尼芙雷特便兴致勃勃地向我讲述了她如何扫地、如何清落叶、如何除杂草、如何提着小水桶去浇花。我高兴地牵着女儿的手，和她一起来到了花园。

"哦，真是太漂亮了，我以前还从没见过咱们的花园有这么好看。"

"真的吗？"女儿兴奋地仰着头问我。

"那当然，我以前还以为咱们家的花园很不好呢，甚至前几天还在和你爸爸商量要不要把它拆了，可是现在我改变主意了。"

"是吗？"女儿听了我的话更加高兴了，她自豪地说，"我们家的花园是最漂亮的花园，我才不允许有人破坏它呢！"

我拍拍维尼芙雷特的肩膀说："当然，它现在变得这样漂亮，我也不会让人来破坏它。不过说真的，这都是你今天的功劳，你做得真是棒极了，我真为你感到高兴。"

"那么，有什么奖励吗？"女儿歪着小脑袋说。

"奖励？"我愣了一下。

"吉姆做了好事都是有奖励的，他妈妈会给他零花钱。"

"维尼芙雷特，你想想，还会有比得到美丽的花园更好的奖励吗？"

女儿是个非常聪明的孩子，她立刻明白了我这句话的含义，高兴地跳了起来："妈妈，我知道了。美就是最好的奖励。"

尽管我们不断地教育孩子，要做一个对社会和人类有用的人。但是，由于没有具体的事情来鼓舞和激励他们，这些目标就会显得空洞，缺乏实际的意义。而如果一个孩子没有责任感，看不到真正的价值，看不到自己在社会中的地位与重要性，就会感到迷惘，从而失去创造的动力。这样一来，就很容易为那些物质性的、轻浮的事物所吸引，沉溺其中而不能自拔。

我们都知道，家庭是对儿童进行教育的最有效的地方，因为通过日常生活中的点点滴滴更能使他们对某些事情有正确的看法，并认识到良好品德的重要性，从而树立正确的人生观。在此，我想再次提醒年轻的父母们：一定要用鼓励的方法来对孩子进行教育，与此同时，鼓励也需要有正确的方法，错误的鼓励方法所带来的危害，甚至不亚于对孩子进行惩罚。

千万别拿孩子之短比他人之长

我想，每一位母亲都忘不了孩子走出自己第一步时的激动心情，都会在脑海中牢牢记住这个激动人心的场面。而且，如果细心的父母留心孩子发展的每一个阶段，那么这样为孩子感到骄傲的场面就会不知道有多少次。因为，在孩子成长发展的所有其他方面，都如同让孩子迈出第一步那样，这个过程在不断地重复着。

在孩子刚刚学步的时候，孩子会一步一步地向母亲靠近，只要母亲退一步，孩子就会进一步。这时，母亲会用各种方式来鼓励孩子往前走。母亲非常乐于给孩子空间，让孩子尽自己的努力向前走，最终怀着激动之情扑到母亲的怀中。在那时，孩子每向前走一小步都会得到父母的赞赏，每向前挪动了一点都会得到父母的鼓励。

在我看来，父母鼓励孩子进步的方法有很多种，但最有效的就是对孩子所做的每一点努力都有所反应，就像孩子在刚开始学步时那样。这种敏感的反应能够表示出父母对孩子成长的关注。虽然事情可以很小，反应也可以很简单，但效果通常都会非常明显。然而让人遗憾的是，在我们的周围有许多父母忽视了这一点，他们往往对孩子的期望过高，没有给孩子留下慢慢向前进步的空间。有不少这样的父母，他们时常埋怨自己的孩子进步太慢，并把自己的孩子与其他的孩子进行比较，用自己孩子的缺点去和别的孩子的优点相比，试图来激发孩子成长的动力。但这样一来，不仅不能使孩子良好地发展，反而会使他永远停留在原地，甚至还会退步。

威利布尔的父亲是一个大学教授，自从威利布尔出生起，就一直被众人的赞扬包围着。人们都说，威利布尔不仅长得漂亮，而且还很聪明，学东西特别快。然而，等到威利布尔8岁的时候，人们却渐渐发现这个孩子显得异常忧郁，并时时处于一种不安的心理状态之中。这是什么原因造成的呢？

原来，正是由于威利布尔的父亲是一位大学教授，在他的学生中有许多是极具才华与学识的，于是父亲就时常将那些大学生和自己的孩子进行比较。正是这种比较，不断打击着威利布尔的自信心，让他觉得自己简直一无是处，并渐渐变成了一个性格沉闷，不愿和别人交流的人。

"威利布尔，你是真没出息。"有一天，父亲回到家就对威利布尔这样说。

"怎么啦？"刚刚8岁的威利布尔迷惑不解地问道，他不知道自己又犯了什么错误。

"最近，在我的学生中，有一个14岁的孩子。你知道吗？人家14岁就已经上大学了，而且成绩还非常好……"

威利布尔知道，父亲又开始责怪他了，于是心灰意冷地低下了头。

"你怎么不说话，你不是很有本事吗？依我看，你什么都没有，你只会吹牛……"

诚然，威利布尔平时的学习成绩不是很好，但他并不想这样，他一直都在努力让自己成为一个优秀的孩子，想要向父亲证明自己没有丢他的脸。并且，有时候他为了得到父亲对自己的关注，还向父亲保证一定要努力学习。但是，现在听见父亲这样说自己，他的自尊心受到了严重的打击，他的内心深处立即产生了反叛心理。

"好啦！我就是没有本事，那又怎么样呢？还不是你没有教好。"威利布尔终于忍不住了，向父亲回了一句。

"怎么？你居然还敢顶嘴！我就从来没有见过你这样没出息的孩子，明知自己不行还一副不得了的样子。"

"我就是这样，怎么了？你如果不喜欢，就不要管我好了。"

"我不管你谁管你，我是你的父亲！"

"哼，我的父亲？我不需要你这样的父亲！"

就这样，父子之间开始了激烈的争吵，最终以父亲给儿子的一记耳光而收场。

不久之后，威利布尔就开始和外面的那些坏孩子混在了一起，有人时常看见他在街头与他们一起吸烟、打架，骚扰路过的人。于是，威利布尔的父亲就更加断定，自己的儿子是一个没有出息的人，父子之间不断发生矛盾，并最终导致他对儿子的彻底绝望。

难道威利布尔真的就是个天生不听话的孩子吗？难道他天生就是一个笨蛋吗？我不这样认为。在我看来，威利布尔的父亲才是个天生的笨蛋呢。尽管他是一名大学教授，但我仍然这样认为。事实上，正是由于他没有采取正确的态度来对待儿子的缺点，也没有采取正确的方法来对他实施教育。当儿子失意的时候，他非但没有用爱心鼓励孩子，让孩子树立自信，帮助其逐渐走上成功的道路，反而拿自己的学生和儿子进行比较，不断打击儿子的自信心，并最终导致儿子自暴自弃，终于走上了另一条令人惋惜的道路。

我觉得，威利布尔的父亲最大的问题就在于，他没有给孩子一个足够的向前迈步的空间，也没有给孩子弥补自己缺点的时间。作为一位大学教授，他本应该是一个有智慧、有涵养的人，更何况他还是从事教育工作的人。然而，他并没有用合理的方式来教育自己的孩子，从而使孩子走上了一条错误的道路。事实上，他才是导致威利布尔人生失败的罪魁祸首，而他却把责任推到儿子身上。我觉得像这样连自己的孩子都教育不好的人，完全没有资格做为人师表的教授，这样的人来当教师只会误人子弟。

在我看来，作为父母不仅应该尽自己的爱心培养孩子，同时也有责任帮助孩子从不良的状况中走出来。而帮助孩子最好的方式就是鼓励他，给他能够自己面对失败的勇气。

有一次，维尼芙雷特一个人坐在房间中的桌子旁边发呆。当时，我感到很奇怪，因为维尼芙雷特一向是个开朗的孩子，而今天却一反常态。我想，女儿一定是遇到了什么不顺心的事，于是便走过去问她："怎么啦，维尼芙雷特？"

"我觉得自己太笨了。"

"为什么呢？你怎么会有这样的想法？"

"今天，我和小朋友们一起玩游戏，在追逐之中，我发现他们都比我跑得快。"

"那么，你是和谁一块儿玩的？"

"卡特、吉姆、科斯特还有米娜……"。

"哦，我还以为是什么大不了的事情呢。"我听女儿这样说，差点笑出声来。

女儿看到我的样子，几乎有点生气了："有什么好笑的，本来就是嘛，他们都比我跑得快。特别是科斯特，他总是跑在最前面。而我呢？总像个小尾巴似的跟在他们后面。"

"但是，你有没有想过，他们为什么会比你跑得快呢？"

听见我这样说，维尼芙雷特还没有明白我的意思，只是迷惑不解地看着我。

"还不明白吗？事实上，他们比你跑得快是很正常的事，因为他们都比你年龄大，而你只是一个4岁的小姑娘。我知道，科斯特今年已经7岁、卡特6岁、吉姆5岁、米娜也快6岁了。你想想，如果他们还没有你这个只有4岁的小姑娘跑得快，那么他们岂不是太笨了吗？"

"噢！原来是这样啊。"维尼芙雷特这才恍然大悟，舒了一口气。

"当然是这样，你如果这么小就比他们跑得快，那么他们不就连一点自信心都没有了吗？依我看，你也不要太难过了，给人家一点信心好不好！"

听完我的话，维尼芙雷特一下子就从悲观的心境中挣脱了出来，又恢复了以往的笑容。

一个玻璃花瓶的价值远远不如女儿的自信心重要，即使她不小心打碎了又有什么关系呢？当维尼芙雷特受到鼓励后显得非常高兴，在这样一点一滴的实践中，她的自信心就会越来越强。在日常生活中，我时刻都在注意女儿一点一滴的变化和进步。当我看到女儿的进步时，哪怕是微不足道的进步，我也会感到非常欣慰，并且把这种欣慰对女儿表达出来，让她受到鼓励，以后才能够做得更好。

高情商家教思维

1. 如何鼓励孩子？鼓励孩子的方式和时机为什么很重要？

_____

_____

_____

2. 斯托夫人夸奖孩子的方法有什么值得我们学习的地方？

_____

_____

_____

3. 如何在表扬和鼓励中建立孩子的自信？

_____

_____

_____

4. 如何在孩子成长的过程中给予孩子足够的向前迈步的空间？如何给孩子充分的时间来弥补自身的不足？

_____

_____

_____

_____

5. 你能回想起孩子得到你鼓励时的表情吗？

_____

_____

_____

第七章

理解是教育成功的金钥匙

必须相信自己的孩子

对于孩子，父母总是持有一种怀疑的态度，好像孩子天生就有一种撒谎的本能，为掩盖自己的错误，总是欺骗家长。这种态度真的是太恶劣了。想一想，你事先已经把孩子假设成一个不诚实的人了，他还能变成一个做事光明磊落的人吗？不仅如此，更严重的是，这样还会让孩子对父母失望，产生叛逆心理。这样一来，要想对孩子实施好的教育就非常困难了。

有一天，我的好友伊丽贝莎告诉我，她在 11 岁的儿子房间里发现了一支烟斗，所以很担心自己的儿子染上恶习。她向我叙述了那天的情况：

"这是什么？"伊丽贝莎拿着那支烟斗走到儿子面前问道，口气非常严厉，似乎并不需要听儿子解释就准备开始进行更深的盘问和训斥。

"这是一支烟斗。"

"从哪儿来的？"

"捡的。"

"在哪儿捡的？"伊丽贝莎用怀疑的眼神看着儿子。

"就在门外的路上，今天早上我一出门就发现了它。"儿子似乎有些胆怯了。

这时，伊丽贝莎用极不信任的口吻说："你别跟我要小聪明，老实告诉我，这究竟是怎么回事？是不是跟那些坏孩子学会抽烟了？"

"没有，我才不抽烟呢。"

"真的吗？你以为我会相信？"伊丽贝莎说道。

这时，儿子终于忍不住生气了，大声嚷道："信不信由你，反正我已经说了没有！"

说完，儿子就走进了自己的房间，把门"砰"的一声狠狠地关上了。对于这样的反应，伊丽贝莎感到非常恼火，她认为自己完全是为了儿子好，可儿子却不领情。

在我看来，出现这样的结果，是由于伊丽贝莎的说话方式和语气让儿子觉得很不舒服。事实上，这些话并没有表现出她对儿子的关心，而只表现出了自己的愤怒和对儿子的不信任，使儿子觉得刺伤了他的自尊心。

我对伊丽贝莎谈了我的看法，并建议她站在儿子的角度来考虑这件事。于是，她决定认真考虑这件事，反思自己的态度，意识到是自己先入为主的观念和怀疑的态度使儿子的自尊心受到了伤害。于是，她决定找儿子好好谈一谈。第二天，儿子放学一回来，伊丽贝莎就对儿子说："我们谈一谈，好吗？"

"谈什么？"儿子似乎很冷淡。

伊丽贝莎做了充分的准备，对于儿子的冷淡保持着镇定："我想，昨天妈妈因为怀疑你学会了抽烟而向你发火，你一定认为我根本不关心你，而专门挑你的毛病，对吗？"

这句话正好说到了孩子的伤心处，儿子顿时委屈地哭了起来，抽泣着说："是的，你那样的态度，让我觉得我只是你的一个负担，我觉得你并不关心我，只有我的朋友才真正关心我。"

"你这么说也有你的道理，当时，我的态度确实不好，当时我充满了恐惧和愤怒，我仿佛看到了你和一群坏孩子搅在了一起，甚至还学会了抽烟，所以一时失去了理智。在这样的情况下，你当然感觉不出妈妈任何的爱。"

这时，儿子的情绪逐渐缓和了下来。

伊丽贝莎继续说："昨天，妈妈不该没弄清情况就向你发那么大的火，我真的很抱歉。"

"没什么，妈妈，那支烟斗确实是我在外面捡的，我觉得你应该相信我。"

"好吧，儿子，我相信你，我只是担心你会做出什么伤害自己的事来，这种担心有时候会让我反应过度，你给我一个机会好吗？让我们重新开始交谈，一起来解决这些问题。"

谈话的结果让伊丽贝莎非常高兴，因为建立在信任与爱的基础上的气氛完全改变了她和儿子之间的关系。她让儿子明白了，母亲的询问是出于对他的关心，而不是故意要侵犯他的权利。而母亲也认识到，应该信任自己的孩子。我想，母子之间有了这种相互信任的态度，对孩子的教育才能有一个良好的开端。

父母在与孩子相处的过程中，出于对孩子的深切希望，常常会让他们对孩子的态度过于激烈、过于偏颇，这种态度会让孩子产生一种冷冰冰的感觉。在父母发火的那一瞬间，孩子会觉得父母充满了敌意，甚至感觉不到一点温情。孩子的这种感觉会将他们推向抵触的边缘，使他们觉得父母对自己不信任、不关心。这样，父母与孩子之间的矛盾在不自觉中就被激化了。

我认为，父母应该以一颗宽容的心来对待孩子，这样才能使孩子感觉到父母的信任。而只有当孩子认为父母是信任他的时候，才会完全向父母敞开自己的心扉。只有这样，父母与孩子才有可能进行良好的交流与沟通。一旦父母与孩子之间能进行很好的沟通，相互信任，即使孩子真的有了什么不良习惯，经过父母的提醒和指导，孩子也可以很容易地改正。

总之，要想把孩子培养成一个优秀的人，必须首先给孩子足够的信任，这是教育的前提条件。成年人之间也只有在相互信任的情况下，才能建立起友谊和良好的合作关系，更何况是孩子呢？在这里，我建议广大的父母们一定要相信孩子的能力、相信孩子的才华、相信孩子的品德，只有给孩子信任，才能帮助他们走好漫漫人生的第一步。

学会走进孩子的内心世界

当孩子还没有出生的时候，父母就像等待自己亲手塑造的作品一样，心情忐忑不安甚至带着一丝焦灼期盼着即将出世的孩子。将要成为母亲的女人，在怀孕的过程中经历了焦虑、怀疑、肯定、欣喜、解脱等不同的心理感受，等到孩子平安地降临到这个世界后，又要看着孩子一天一天长大。也许，对每个母亲来说，这是一生中最幸福的感受了。自从有了孩子之后，年轻的父母也逐渐成熟起来。从此，帮助孩子、教育孩子长大成人，就成了他们义不容辞的责任。

伴随着孩子一天天地成长，年轻的父母们每天通过观察、体验和揣摩，逐步了解、认识自己的孩子，一点一滴地熟悉他的一切，一刻也不会放松，直到他羽翼丰满、长大成人。然而，当孩子长大懂事之后，父母们是否真正地了解他呢？我想，对于很多父母来说，在这一方面做得还很不到位。

确实，要想真正地了解一个孩子，哪怕是自己亲生的孩子，也是一件很不容易的事情。要知道，孩子之间的性格都各不相同，有的生性腼腆、内向，有的则活泼开朗；还有的孩子胆小，有的则从小天不怕地不怕；有的孩子喜欢运动，整天不知疲倦地蹦蹦跳跳，而有的则温顺得像只小猫，整天都不怎么活动。在我看来，作为年轻的父母，除了对孩子给予各方面的关心和照顾之外，还要注意从细小的方面观察自己的孩子，走进孩子的内心世界，然后采取不同的方法来进行指导、帮助，以便更好地培养孩子。

在不同的家庭环境中，孩子会受到各不相同的教育。而且，尽管所有父母都力求教育自己的孩子从小懂事、勤奋好学，但由于使用的方法不同，也会形成不同的结果。比如，有的孩子很少被父母肯定，那么他的自信心就可能被逐渐摧毁，从而失去做事的主动性和积极性；有的父母会过分地保护孩子，生怕他吃亏，结果却往往使孩子总是生活在大人的羽翼下，能力得不到充分发展。这种过分的照顾，往往会使孩子从小就得不到锻炼，从而会变得保守、软弱。

在我看来，每个父母都应该针对自己孩子的性格，采取不同的教育方式，而不应该只听取旁人的意见，别人怎么教育，你也就怎么教育。因为，或许别人的教育方法适合自己的孩子，却不适合你的孩子。因此，父母就应该通过各种方法，充分地了解自己的孩子，以便于进行合理的教育。

一般来说，那些对孩子了解得不十分准确的父母，就会造成孩子不能很默契地领会父母所给予的教导。这样一来，就很容易造成许多不必要的矛盾。特别是当孩子犯错误的时候，应该怎样来教育孩子，这确实是父母们经常会碰到的难题。诚然，在这种情况下，合理地运用各种教育方法，及时纠正孩子的错误非常重要，但如若不能对孩子有一个正确的认识，不了解他的内心世界，那么这种教育也就无从谈起了。而如果不能采取正确的方法进行有针对性的教育，那么教育的结果不仅无法使情况变得更好，反而会变得更糟。这种情况在世界各国的家庭教育中都非常普遍。

每对父母都担负着帮助孩子，教育孩子长大成人的责任。真正地了解孩子是一件很不容易的事情，很多父母总是只听别人怎么说，对自己的孩子了解得不十分准确，这样会造成许多不必要的矛盾。只有走进孩子的内心世界，我们才能真正地与之交流，帮他解决问题。

我有一位朋友，她的儿子已经上小学了，她向我讲述了她是怎样帮儿子解决问题的：

"开学不久，儿子的班主任布朗老师就对我讲，孩子在学校比较霸道，有时要和同伴打架，喜欢做小霸王……以至于自己交不到好朋友。了解到这个情况，我先是感到很意外，而后就着急起来了，孩子没有好朋友那多寂寞呀！原先孩子在幼儿园除了上课坐不住，上述情况从没有出现过。

"有一天，儿子放学回家，一进门就对我说：'妈妈，小朋友都不和我好，我想去培德小学，我的好朋友都在那里读书。'我一听更着急了。孩子产生这种想法可不好！于是，我就对儿子说：'好朋友是慢慢交的，同学们在一起不可能一下子就成了好朋友。只要你会帮助别人，不和小朋友吵架，学着让一让人家，小朋友会喜欢你的。还有，你要多学本领，能干的孩子更有人喜欢！妈妈相信你会有好朋友的。'过了几天，我和孩子一起做了一些简单的手工作品，请布朗老师帮忙，利用她开班务会的时间，把手工作品送给小朋友们，给孩子一个轻松的交往机会。其实孩子在和我一起做手工的时候，已认识到自己不对的地方，通过布朗老师给他的这个机会，孩子与同伴交往很轻松、很自然地进行着，效果还不错。不久儿子再也没提起找原先的好朋友了。"

大多数的父母工作都比较忙，在对待教育孩子的问题上没有什么可以借鉴的经验，对于孩子，往往是让他吃得最好、穿得最舒服，仅此而已，但是对于孩子心里到底在想些什么，孩子到底需要些什么，做父母的往往不能深入了解和洞察。您是不是经常遇到这样的问题："你这是在干什么呀？快把地上的玩具捡起来。""就是不捡。""怎么这么不听话？""就是不听话。"听着孩子这样说，您的心里有什么感受吗？您是否会听到孩子在他的房间里大叫，不时地将东西乱扔，房间里传来了很大的响声，抑或是孩子忧伤的哭声。那这时候您又该做些什么呢？您是愤怒得冲到孩子的房间对其责骂？或者是温柔地抱起孩子，深感无助地用漫无边际的语言安慰孩子？收到的效果是怎样呢？或者您自己都不知道。我建议您还是静下心来，听听孩子的心声吧。让孩子依偎在您的怀里，一边哭一边告诉您怎么也想不到的问题："妈妈，你怎么总是不陪我玩……"您可能会说："怎么会呢？妈妈不是每天都陪着你吗？""可是，你总不理我，成天上班，一点都不在乎我……"

孩子也有自己的情感，孩子也有自己的自尊心，您用什么样的方式对待孩子，孩子的心里最清楚，他无法用成人的方式表达自己的需要，但是它可以躲在自己的房间里摔东西，它可以用自己的方式与爸爸妈妈对抗。恰好孩子的心是很脆弱、很敏感的，当他的安全和爱的需要得不到满足时，他会感到非常痛苦。您是否设身处地地为孩子想过呢？

我认为，父母除了对孩子给予各方面的关心和照顾，还要注意从细小的方面观察自己的孩子，走进孩子的内心世界，然后采取不同的方法去指导、帮助和更好地培养孩子。很多自以为是的父母并不是真正地了解孩子，因为他们不愿花时间在这方面下功夫，只是凭借自己的臆想去判断孩子，他们宁愿花时间和知己倾诉，诉说孩子不听话、不老实，却不愿去和孩子进行耐心的交谈，我认为这样的父母是没有责任心的人，这样的做法非常愚蠢。

敞开心扉与孩子交流

孩子的内心是敏感的，他们能很快就能分辨出大人在说话时所要传达的真正意思。但是，父母们似乎并不敏感，或者低估了孩子的理解能力，意识不到自己在和孩子说话时语气的变化。比如，很多父母在与孩子交谈时，当孩子问"你生气了吗"或"你不高兴啦"时，父母就会板着脸说"没有"。当孩子关切地问"妈妈，您怎么啦"时，有的母亲会很不耐烦地说："不关你的事。"表情和语气都表明父母是在生气、在发怒。事实上，不要以为孩子什么也不懂，他们已经从这种语气体会到父母的怨气，从而对他们自身也带来了极为消极的影响。

很多人都有这样的认识，认为孩子应该受到尊重，大人应该与他们交流。然而在事实上，却很少有人能够做到与孩子真正地交流，因为他们不能把孩子放在与自己平等的地位上。在和孩子说话的时候，父母们总是用教训的口气、哄逗的口气或引诱的口气。这样是不可能与孩子进行平等交谈的，即使孩子表示愿意合作，也往往不是发自内心的。因此，采用这种方式与孩子进行沟通，不可能使孩子完全信任父母，也不可能让孩子说出自己的真心话。

在我看来，只有父母从内心去改变自己，以平等的、对待朋友的方式来对待孩子，才能顺利地走进孩子的内心世界，与孩子进行思想的交流。一般来说，父母与孩子谈话，总是想利用一切机会向孩子灌输某种道理，但这种硬灌的道理根本不可能被孩子所接受。而且不仅如此，这种强硬的方式还会引起孩子极度的厌恶和反感，结果让他们背道而驰。事实上，这样的父母总是盼望孩子凡事听自己的，对孩子提出种种要求，却不告诉孩子为什么要这样。这样一来，不仅无法让孩子服从自己，还会使他们产生反叛情绪，抵制父母的要求。

从某种意义上来说，好的交流也是一门艺术。在此，我建议各位年轻的父母，和孩子交谈时一定要注意采用合理的方式。事实上，要想做到这一点，就必须理解与尊重孩子的想法和认识。在教育维尼芙雷特的过程中，我正是在这个前提下敞开心扉与她进行交流的，而且每次她最终会采纳我的建议，也正是基于这个前提。

曾经有一位妈妈向我抱怨她的儿子不听话，每次她必须得把自己的要求重复几遍，他才慢吞吞地去做。

于是，我便问：“你为什么总是要求孩子去做，为什么不让他自己主动去做呢？”

她奇怪地看着我：“命令他还不听呢，哪会主动去做？”

像这样的母亲，是绝对没有办法和孩子敞开心扉进行交流的。

在现实生活中，孩子当然不会主动去做穿衣服、洗澡、做功课、做家务等诸如此类的事情，作为家长要耐心地去教导他们，但是一定不要唠唠叨叨，这样只会增加他们的逆反心理。此时，不妨换成提醒的口吻。

因为唠叨让人很厌烦，易招致怒气，提醒的语气听起来则有帮助的意味，表示你和孩子站在同一边。

避免唠叨还要给孩子提供自由选择的空间。"记住在晚餐前将你的房间清理干净。"这样的说法能给予你的孩子喘息的空间，尽可能不要经常要求孩子立即做某件事，没有人会对俯冲的轰炸机有正面回应。

没有人喜欢被控制，也没有人喜欢人家告诉他应该怎么做，特别是如果这个"吩咐"并不有趣。家长越逼迫，孩子就越抗拒，不管他年纪多大，但这并不仅仅是因为他不想做。

假如孩子处在被惩罚的阶段，很自然地家长和孩子会变成敌对状态，家长这时更别去指出谁是老大。当然，让孩子明白爸爸妈妈才是老大并没有错，但是最好表现出父母是能够控制自己的人，而不是摆出"我就是上帝"的架势。

还有件事相当重要，家长必须要注意，那就是孩子想要亲近你又不要太依赖你的持续内心交战。"唠叨"刚好就给了他推开你的机会，但是这是不好的开场。尽可能在降低冲突的气氛下帮助你的孩子学会独立，给孩子一些喘息的空间，有选择权的感觉会相当有帮助的。

总之，和孩子交流时要充满爱心和亲切感，态度和蔼；时间最好选在吃饭时和睡觉前，因为这是孩子情绪最为平稳的时候。一个母亲，她从孩子很小时，就注意和孩子的情感交流。每天在孩子上床时都要问问他："今天过得开心吗？"孩子长大后，就形成了在睡前和父母沟通的习惯，有什么不顺心的事也愿意告诉父母。有了这样的感情基础，孩子就容易接受你的建议和忠告。

好妈妈是孩子的心灵魔法师

在培养维尼芙雷特的过程中，我深深地体会到，只要我愿意付出时间与女儿进行交流，她就会感受到亲情的满足，并愿意把自己的心事说给我听。正是因为有了这种真诚和坦白，我就很容易真正了解自己的孩子，并在这个基础之上进行有的放矢的指导。我想，这也正是维尼芙雷特如此优秀的根源所在吧。

可能有的父母会抱怨，自己不可能和孩子进行这样的沟通。事实上，女儿能够让我完全了解自己，是因为她知道我是最爱她的人。我们都知道，没有人愿意让陌生人或不相干的人了解自己，也没有人会把自己的心扉向无关紧要的人敞开。因此，对父母来说，只要赢得孩子的信任，与他们进行心灵的交流就是很简单的事了。

在现实生活中，很多母亲往往忙于家务而不能陪孩子玩耍聊天，而父亲则更多的是为了工作四处奔波，很难静下心来与孩子交流，那些事业有成的人更是如此，他们总能找出很多理由拒绝与孩子在一起共度时光。

有一天，女友米尔斯丽特太太向我讲述了她和儿子卡夫特之间发生的一件事：

"那天晚上，我因为有事很晚才回家。我刚一进门，儿子卡夫特就满脸笑容地迎了上来，他兴奋地对我说：'妈妈，我写的一篇有关小动物生活习性的文章在报纸上发表啦！'

"这时，我发现儿子把喂猫用的那只碗打翻了，食物撒了一地。当时我非常疲倦，一看见这样的情景，顿时烦躁起来。

"'知道了。'我白了儿子一眼，说：'还写什么小动物的习性呢，你都把猫的碗打翻了……你总这么不稳重……你看看自己的房间，乱得跟狗窝似的，我都跟你说了多少次……'

"卡夫特的笑容一下子就消失了，没趣地去收拾那只被打翻的碗，并灰心丧气地开始整理自己的房间。我看到儿子大失所望的样子，才意识到自己刚才实在是太冷酷了，可是一时又不愿道歉。到现在，他都还不怎么理我呢。"

在米尔斯丽特太太看来，她的做法和说的那些话并没有什么错，当然这也是事实，但她不知道，这样的态度会让孩子多么沮丧。卡夫特本来想和母亲高兴地谈一下，或者向母亲讲一讲文章的内容，或者想发表一些自己的见解，或者想让母亲来分享他的快乐，但母亲的态度就像一盆凉水，浇灭了他心中所有的热情。

米尔斯丽特太太说儿子从那以后就不大爱理她，这也是理所当然的事。因为卡夫特会想：我有那么高兴的事你还这样对待我，那么平时就一定更不想跟我说话了。于是，在卡夫特的内心深处，就形成了母亲不愿和他交流的印象，那么他也自然就不会再去自讨没趣了。

在前面我曾经说过，父母要教育好孩子，首先要真正地了解自己的孩子。因此，父母与孩子进行无障碍交流，让孩子知道父母非常爱他，就成了最重要也最基本的前提。事实上，孩子需要得到爱的保证，他们要确切地知道父母是爱他们的。只有这样，他们才能完全地向父母敞开心灵的大门。否则，在陌生与疏离的氛围中，孩子只能把父母当成管教自己的人，从而对其敬而远之。

　　有时候，孩子可能会莫名其妙地纠缠大人，既没有什么话要说，也没有事情要做，但他会非常殷切地望着正在忙碌的母亲，认真地问："妈妈，你爱我吗？"这时候，有些母亲可能会奇怪孩子为什么这样问，只是敷衍地说一声："我爱你，你到别处去玩吧。"结果，在这一瞬间，这位母亲就丧失了与孩子进行心灵沟通的机会，因为孩子可能会想：如果你真爱我，那为什么要让我走开呢？

　　我们大家都知道，父母不可能时时刻刻陪在孩子身边，而且孩子也并不需要这样。他们完全可以独自做自己喜欢的事情，而并不需要父母整天陪伴。但是，他们时刻都在关心一件事，那就是父母现在想到我没有，爸爸妈妈是不是真的那样爱我？如果他们经过验证，得到的答案是肯定的，就会让他们信心倍增；而如果答案是否定的，无疑会对他们造成严重的打击。对于这件事，很多父母都没有重视起来，甚至认为这只是孩子天真的、无理取闹的想法。要是具有这样的想法，的确就大错特错了，我绝对不是在危言耸听，它决定着你的教育的成败。

　　在维尼芙雷特很小的时候，我就非常注意倾听她说话。无论是学习上的事，还是做游戏方面的事，我都要仔细听她讲，只要是她乐意表述的东西，我都会鼓励她讲下去。而且，我会像对待成年人一样对待她，从不对她的问题或讲述的事敷衍了事。因为我知道，我对女儿的态度决定着女儿对我的态度。

小维尼芙雷特确实有很强的表达欲望，她非常愿意向我和她的父亲讲述自己的每一件小事。她常常给我们讲她一天的生活，讲她在这一天中的感受，她学到了什么，她发现了什么。这样一来，维尼芙雷特的表达能力就发展得非常快，比与她同龄孩子的语言能力要好得多。而对于我和丈夫来说，我们不仅通过这种交谈对女儿有了更深一步的了解，同时也得到了一种家庭生活的快乐。我想，对我们全家人来说，这种时刻都是幸福的。

那个时候，晚饭后的散步往往是我们一家人最快乐的时光。我和丈夫牵着女儿的小手，慢慢地走在寂静的林荫道上，尽情地享受黄昏的美景，以及女儿给我们带来的欢乐。有时候，丈夫会询问女儿的学习，看看她最近究竟掌握了多少知识。于是，维尼芙雷特就会兴高采烈地向父亲讲述她每一天的进步，讲她在学知识的过程中感受到的快乐。

遇到休息日，我们还会带着女儿到郊外去，让她在大自然中体会世界的美妙。可能有时候丈夫会太忙不能去，有时候我会太忙不能去，但是，我们之中总会有一个人带着女儿去。对我们来说，这件事要比其他所有的事都重要得多。于是，女儿在大自然中开阔了视野、呼吸了新鲜空气，这时的她总是显得精神抖擞，说的话比平时多得多，表达得也更加流畅、准确。

记得有一次，维尼芙雷特用手指着天上一只向远方飞去的小鸟，对我说："妈妈，假如有一天，我像那只小鸟一样向远方飞去，你还会爱我吗？"

"当然了，妈妈就是希望有一天你能像小鸟那样自由地飞翔。"

"为什么呢？"女儿天真地问。

"因为妈妈最爱你，也最了解你。"

◇ 理解是教育成功的金钥匙 ◇

相信自己的孩子

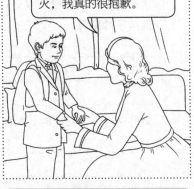

走进孩子的内心世界

敞开自己的心扉

　　父母以一颗宽容的心来对待孩子，使孩子感觉到父母的信任。只有当孩子认为父母是信任他的时候，才会完全向父母敞开自己的心扉。让孩子感受到你的真诚和爱意，只有这样，父母与孩子才有可能进行良好的交流与沟通。

 高情商家教思维

1. 在怀疑孩子做错事的时候，你是选择自己的判断还是该选择相信孩子的解释？

_____

_____

_____

2. 父母在与孩子交流时，如何走入孩子的内心世界？

_____

_____

_____

3. 在孩子面前，如何放下大人的"身段"，敞开心扉和孩子交流？

_____

_____

_____

4. 为什么说好妈妈是孩子心灵的魔法师？如何做一个孩子喜欢的好妈妈？

_____

_____

_____

_____

5. 本书对你的帮助都有哪些？

_____

_____

_____